多维视角下
复合型外语人才培养研究

高 慧 ◎著

全国百佳图书出版单位
吉林出版集团股份有限公司

图书在版编目（CIP）数据

多维视角下复合型外语人才培养研究/高慧著.--
长春:吉林出版集团股份有限公司,2024.4
ISBN 978-7-5731-4950-3

Ⅰ.①多…Ⅱ.①高…Ⅲ.①外语－人才培养－研究
－中国Ⅳ.①H3-4

中国国家版本馆CIP数据核字(2024)第090377号

DUO WEI SHIJIAO XIA FUHE XING WAIYU RENCAI PEIYANG YANJIU

多维视角下复合型外语人才培养研究

著　　者：高　慧
责任编辑：欧阳鹏
封面设计：冯冯翼
开　　本：787mm×1092mm　1/16
字　　数：210千字
印　　张：9
版　　次：2024年4月第1版
印　　次：2024年4月第1次印刷

出　　版：吉林出版集团股份有限公司
发　　行：吉林出版集团外语教育有限公司
地　　址：长春市福祉大路5788号龙腾国际大厦B座7层
电　　话：总编办：0431-81629929
印　　刷：长春新华印刷集团有限公司

ISBN 978-7-5731-4950-3　　　定　价：54.00元
版权所有　侵权必究　　　举报电话：0431-81629929

前　言

复合型外语人才培养一直是我国高等教育领域关注与研究的重要议题。1998年教育部《关于外语专业面向21世纪本科教育改革的若干意见》强调，培养复合型外语人才既是社会主义市场经济对外语专业提出的要求，也是新时代的需求。进入21世纪以后，社会对外语人才的需求呈现出多元化的趋势，国家及各个高校也开始越来越重视人才培养与社会需求的匹配问题。《国家中长期教育改革和发展规划纲要（2020-2021年）》（以下简称《纲要》）中指出："高等教育要提高人才培养质量，着力培养信念执着、品德优良、知识丰富、本领过硬的高素质专门人才和拔尖创新人才。"《纲要》为新时代高校外语人才培育指明了前进的方向，高等院校外语专业人才培养应以复合型外语人才培养为目标。根据研究与实践，本书从多维视角探讨高校如何培养复合型外语人才。

本书的出版旨在缩短我国复合型外语人才培养的时间，促进该模式的进一步发展，培养出更多的德智体美劳全面发展的中国特色社会主义外语接班人和建设者。

在本书的编写过程中，笔者参阅了国内外大量的相关教材、著作和论文，参考了很多专家、学者的观点，在此一并表示深深的感谢！由于笔者水平所限，加之时间仓促，书中难免存在不足之处，恳请各位专家和读者批评指正，多提宝贵意见，以便再版时修改，使本书日臻完善。

2024年1月

目 录

第一章 复合型外语专业人才的培养模式 ·· 1
    第一节 "外语+化工"复合型人才培养模式 ································· 1
    第二节 "外语+软件工程"复合型人才培养模式 ························· 3
    第三节 双外语复合型人才培养模式 ·· 8

第二章 文化产业国际化视角下复合型外语人才培养的新视域 ········· 13
    第一节 文化产业国际化为复合型外语人才培养带来的机遇与挑战 ······· 14
    第二节 文化产业国际化视角下培养复合型外语人才的关键点 ········ 16

第三章 创新人才培养视角下复合型外语人才思辨能力培养研究 ····· 28
    第一节 创新人才培养视角下复合型外语人才思辨能力培养研究 ···· 28
    第二节 复合型外语人才思辨能力培养研究 ·································· 35
    第三节 基于认知分层理论的外语思辨能力研究 ···························· 40
    第四节 CDIO教育理念的复合型外语人才跨文化交际能力培养 ······ 46

第四章 跨文化交际视角下复合型外语翻译人才的培养 ···················· 53
    第一节 复合型外语翻译人才培养的基本原则 ······························· 53
    第二节 复合型外语翻译人才培养的目标与内容 ···························· 63
    第三节 复合型外语翻译人才培养的现状 ······································ 79
    第四节 跨文化交际视角下复合型外语翻译人才的培养策略 ··········· 83

第五章 复合型外语专业人才培养的展望 ··· 88
    第一节 复合型外语人才培养改革举措 ··· 88
    第二节 多元化的人才培养模式 ··· 113

第三节　国际化背景下复合型高级外语人才培养对策……………… 116

第四节　慕课对外语复合型人才培养的影响……………………… 119

参考文献 ……………………………………………………………… 137

第一章 复合型外语专业人才的培养模式

第一节 "外语+化工"复合型人才培养模式

一、学科定位

随着经济全球化的广泛深入，国际交流与合作日益频繁，因此社会需要更多的具有交叉复合的知识结构与技能及创新意识与能力的人才。一方面，对纯语言类外语人才的需求逐渐下降，"外语+专业"复合型人才的优势则日渐凸显，培养复合型外语人才是社会主义市场经济对外语专业提出的要求，也是新时代的需求；另一方面，对于非外语专业人才外语水平的要求越来越高，国际化高素质人才的重要性也越来越突出。"外语+化工"即外语专业和化工专业的复合，目的是适应现代社会对高素质、多元化、复合型实用人才的需要，通过实施外语和化工专业的一体化融合的人才培养方案，培养高素质复合型人才[1]。

二、培养目标

"外语+化工"复合型专业旨在培养以外语为工具，以化工为发展方向，具有良好的外语综合应用水平，扎实而深厚的化学工程与工艺的专业知识，较强的科学创新思维和能力以及一定的国际学术交流能力，能在化工制药、能源、环保、材料、信息、生物工程、轻工、食品、冶金等领域从事工程设计、技术开发、生产管理和科学研究等工作的国际化工程技术人才。

---

[1] 程建山，涂朝莲.复合型英语专业人才培养模式研究[M].武汉：武汉大学出版社，2021：5.

三、课程设置

为了实现培养目标，要对两个专业进行融合，形成有特色的一体化培养方案。培养方案的核心内容是课程体系的构建和课程设置的优化。课程体系构建是一个整体概念，要求完整、科学。一般而言，由课堂教学体系、实践教学体系和创新能力培养平台（或称为"创新学分""创新素质培养"等）构成。"外语+化工"专业课堂教学体系包括学校公共的通识课程模块、外语类课程模块、化工类课程模块；实践教学体系包括语言类实践（如课程写作、翻译工作室等）和化工类实践（认识实习、专业实习和毕业设计等）；创新能力培养平台主要是通过科研训练、学术小组、各类竞赛等培养创新素养和能力。该专业课程体系的特色是：精简课堂教学体系，凸显实践教学体系和创新能力培养平台。课程设置优化是一个具体概念，涉及对原有传统课程的改革。学生在四年内要完成两个专业的学习任务，在保证质量、注重融合的前提下，要对原有的传统课程进行取舍、合并甚至开发新课程，或对原有某一课程的内容和学时进行删减或保留。

"外语+化工"专业的课程设置中，课程取舍的原则之一是保留相关专业的核心课程，即一部分的基础课和专业主干课，外语类课程主要包括外语听力、外语口语、外语视听说、外语语音、外语写作、英汉互译、综合英语、英美文学、英美概况与文化、外语语言学概论、科技外语；化工类课程主要包括有机化学、物理化学、化工原理、化工热力学、化学反应工程、化工工艺学、化工分离工程、化工 CAD、化工过程开发与设计、化工环保技术、现代分离技术等。其中，英美文学课程是以英国文学和美国文学两门课程的合并为基础的；科技外语的教学内容有所变化，侧重化工科技外语；化工类核心课程均为双语课程；相对于外语或化工单专业而言，大部分课程的学时进行了压缩。对其他一些没有保留的传统课程，要么开设为选修课，如第二外语、外语演讲艺术等，要么将内容合并到其他课程。

为了培养学生的实践能力和创新精神，凸显实践教学体系和创新能力培养平台的作用，构建实践教学体系，"外语+化工"专业的课程设置中增设了一些具有实践类和创新类特色的环节，如科研训练、学年论文、专业课程设计等。这些课程构建了本科生科技创新体制，推行了导师制，使学生能够在导师的指导下进行各类科研活动，参加科技竞赛或其他学术活动。

四、管理体系和保障机制

以国内某大学为例，其"E+"实验区成立了校级建设领导小组，由分管教学的副校长任组长，成员由教务、学工、团委各部门负责人及相关学院院长、副院长组成，全面负责实验区总体建设与管理、招生、培养及就业工作。其下设实验区建设领导小组办公室，负责实验区日常教学运行事务的组织、协调与沟通。"外语+化工"双专业设置2名专业负责人，专项负责该专业的建设，包括培养方案、课程设置以及教学环节的运行和落实。高水平的教学团队是该培养模式培养质量的根本保障。"E+"教学团队负责实验区各项教学建设与改革工作，其分工明确、协调有力、责任到位，会定期召开团队会议，检查、布置工作任务。"导师制"也是一项重要的保障机制。该实验区聘用了化工与制药学院的博士生导师或教授，在科研和学习方面对学生进行指导。该实验区还制定了导师职责，为学生组织师生见面会，以完善的制度和高质量的软硬件建设来保证人才的培养规格和质量[①]。

第二节 "外语+软件工程"复合型人才培养模式

一、培养目标和规格

《外国语言文学类教学质量国家标准》明确指出，外语类专业旨在培养具有良好的综合素质，扎实的外语基本功和专业知识与能力，掌握相关专业知识，适应我国对外交流、国家与地方经济社会发展、各类涉外行业、外语教育与学术研究需要的各类外语语种专业人才和复合型外语人才。在制定"外语+软件工程"专业的人才培养目标时，须在保证标准规定的人才培养目标不变的前提下，突出软件工程专业的人才培养目标特色。"外语+软件工程"专业的人才培养目标可表述为：培养具有扎实的外语语言基础、丰富的外语语言文学知识、过硬的外语综合应用能力，具备跨文化交流与创新能力、较丰富的人文社科知识和自然科学知识，能够从事计算机软件项目的设计、开发和管理的国际化软件工程技术人才。该专业的具体人才培养规格如下：

（一）知识要求

比较系统地掌握外语语音、词汇和语法等方面的基本知识，并了解外语国家社会、政治、经济和文化等背景，同时掌握计算机科学基础理论、软硬件相关知识，具有软件开发与应用、

---

① 李明秋."汉堡教学论模式"的跨学科外语人才培养研究[M].沈阳：东北大学出版社，2018：3.

软件项目组织与管理方面的知识。

（二）能力要求

具备听、说、读、写、译等基本技能，能比较准确、流畅和得体地使用外语；具备系统开发、系统分析与设计、软件测试和软件质量保证等能力；具有软件开发实践和项目组织的初步经验。

（三）素质要求

具备良好的语言与文字表达、人际沟通素质；初步了解本学科发展动向，具备IT职业外语应用能力，能利用外语进行文献查阅、论文写作及学术交流；具有家国情怀、国际视野、社会责任感、人文与科学素养、合作精神与创新精神。

二、课程设置

《外国语言文学类教学质量国家标准》规定，外语类专业课程体系包括公共课程、专业核心课程、培养方向课程、实践环节和毕业论文五个部分。高等院校可根据各自办学定位和培养目标设置课程与学分，凸显人才培养特色。以国内某大学为例，"外语＋软件工程"专业的课程体系涵盖了外语语言文学和软件工程专业目录规定的专业核心课程的三分之二，具体可分为以下五种课程：

（一）公共课程

公共课程也称为通识教育课程，包括公共基础课程和校级通识教育课程，如思想政治理论、信息技术、高等数学和第二外语等课程。

（二）专业基础课程

包括外语专业的技能课程，如综合外语、外语阅读与写作、外语听力与口语等；软件工程专业的学科基础课程，如计算机程序设计基础和计算机网络等课程。

（三）专业核心课程

包括外语专业的专业知识课程，如外语国家概况、语言学概论和英美文学等；软件工程专业的核心课程，如算法设计与分析、软件体系结构与设计模式、软件工程等[1]。

---

① 张园园. 基于跨文化交际的复合型英语翻译人才培养研究[M]. 北京：中国书籍出版社，2019：11.

（四）培养方向课程

包含外语和软件工程两个专业的培养方向课程，如剑桥商务英语、第二外语、外语演讲艺术、高级语言程序设计、软件测试和现代软件技术等。

（五）实践教学环节

包括军训、外语语音强化训练、外语名著研读、软件基础综合设计、软件工程综合技能训练、认识实习、生产实习，以及毕业实习、设计或论文等，各类课程学分与学时要给予科学的分配比例，略偏向于外语专业。

三、教学计划

教学计划可分为基础和提升两个阶段。基础阶段以公共课程、外语语言技能课程和软件工程专业的基础课程为主，提升阶段则以两个专业的核心课程和培养方向课程为主，实践教学贯穿整个教学计划。这种安排的好处：第一，通过公共课程培养大学生的政治、历史、语文、数学和计算机等方面的综合素养。第二，通过学科基础课程培养大学生的听、说、读、写、译等方面的外语语言技能。第三，通过专业核心课程和培养方向课程培养大学生的外语语言文学专业知识，强化大学生的外语文学文化素养和人文精神，提升其软件系统开发、系统分析与设计、软件测试及软件质量保证等能力。第四，外语专业课程与软件工程专业课程的同时开设，能使大学生的科学精神与人文精神发生交融并蓄，并以此激发他们的学习兴趣。同时，学术外语课程、计算机类专门用途外语课程的开设为从普通外语过渡到专业外语架设了一座桥梁，使二者能够顺利对接，为大学生的专业外语学习打好基础，使他们的知识和能力顺利地衔接起来。这样既强调了外语专业基本技能综合训练，又特别强调了相关专业知识课程的教授，以达到通过外语语言学习相关专业内容，又通过学习相关专业内容提高外语水平的效果，使复合型外语人才培养在教学上既有智力支持也有人才支持。第五，外语类实践教育丰富、扩展了大学生的外语语言知识面，激发了他们的学习兴趣。软件类实践教学极大地锻炼了大学生的动手能力，增强了计算机软件项目的设计、开发和管理的国际化软件工程技术操作能力，使大学生具备软件开发实践和项目组织的初步经验。最重要的是通过两个专业的学习，使大学生能够了解本专业的学科发展动向，具备IT职业外语应用能力，能利用外语进行文献查阅、论文写作及学术交流。

总之，该专业教学计划既重视培养学生德、智、体、美全面发展，又重视学生的个性发展；既重视学生专业技能培养，又注重学生全面素质提高；既重视为学生做好上岗前的知识、能力、素质的储备，又重视为学生的科研能力和创新能力奠定基础。

四、人才培养模式优化措施

为加强"外语+软件工程"专业的学科建设，提高办学质量和人才素质，应从培养计划、课程设置、教学方法和教学管理等对"外语+软件工程"专业进行优化与改革。

（一）重新定位专业，强化技能培养

按照《大学外语教学大纲》要求，"外语+软件工程"专业应以外语专业为主、以软件工程专业为辅，外语知识是基础、专业知识是内涵，人文素养是核心、专业能力是优势。"外语+软件工程"专业必须坚持以"外语为本"的原则，始终把外语放在主导地位，打好扎实的外语基础。"外语+软件工程"专业大学生会同时面临两个专业的学习任务，因此学校对该专业不能像单一专业那样进行课程设置，有必要对专业课程设置进行调整。外语专业技能课程可以进行缩减与整合，适当缩减语言技能训练时间，将语言技能与学习内容结合，将学科内容贯穿于能力训练的始终，摆脱以往孤立训练语言能力的做法。例如，可以把外语听力与口语课程结合起来，构成外语听说课程；把外语阅读与写作课程结合起来，构成外语读写课程。同时，高校要鼓励大学生进行课外外语自主学习，采用微课、慕课和翻转课堂等方式，提高课堂教学的效率，强化课外学习，增强大学生的外语技能和运用能力[①]。另外，软件工程专业课程也可以适当加以整合与缩减。这样，虽然课时减少，但是提高了上课效率，大学生可以集中精力学习专业核心课程，掌握两个专业的核心知识，而不需要面面俱到地学习。

（二）加强教材建设，改进教学方法

复合型外语专业人才教育是以外语为载体，以其他学科知识为内容的教育。复合型外语专业人才培养的理想方式是采用外语基础课程（包括语言文化类课程）+用外语讲授的相关专业课程，因此软件工程专业教材应多采用英文教材，可从国外引进原版外语教材，或由教师自主编写适合大学生水平和能力的教材。外语专业的主干课程使用英文教材，用外语组织教学，这样大学生在专业术语、概念、内容、实践和国际通用规范等方面，都将大大缩短与未来工作需要之间的距离。在教学方式上，教师既要注重对外语知识的习得，又要注重专业知识的传授，

---

① 任宇红.文化产业国际化与复合型外语人才的培养[M].石家庄：河北科学技术出版社，2016：06.

可采用内容依托式、任务型或探究式等教学方法。

（三）提高师资水平，加强教学管理

目前，大学外语教师普遍存在知识结构单一、缺乏学科间交叉融合思维的问题，而这些问题可采取横向联合、国际办学和内培外引的措施予以解决。例如，国内某大学自开办"外语+软件工程"专业，克服了种种困难，努力提高师资水平，不断强化教学管理。首先，学校采用了各种办法解决师资问题，如引进海归博士、资助年轻教师留学深造和聘请外籍教师任教，或对外语教师进行其他专业知识培训等。这些高层次、高水平的人才为专业教学提供了师资保证。其次，打破院系壁垒，建立健全了跨院系教师联合培养机制，加强了外语专业和软件工程专业教师之间的沟通与交流。在教学管理方面，成立了专业化实验区，负责日常教学事务的组织、协调与沟通。最后，双导师制教师队伍也是一项重要的保障机制。例如，聘用外语院校导师指导大学生的外语学习和人文素质培养，同时聘用计算机学院导师指导大学生软件的专业学习和科研训练，定期组织师生见面会，以完善的管理制度和高质量的软硬件建设，保证"外语+软件工程"专业人才的培养规格和教育质量。

（四）实施联合办学，加强国际交流

"外语+软件工程"专业应以培养应用型、国际化和复合型高级软件人才为人才培养目标。其中，国际化办学是该专业重心之一，可以与国外的大学与企业开展教育交流、师资培训、课程引进、联合培养、合作研究和共建实验室等项目，加强国际合作，提升"外语+软件工程"专业的国际化办学水平，使大学生在多种中外联合培养模式中熟悉国外教育方式，建立全球化专业视角，适应多元文化工作环境，成为国际软件行业稀缺的精通外语、技术过硬的高级软件人才。例如，某大学软件工程（外语）国际班，在教学上采取多种中外联合培养模式，90%以上的专业必修课是从知名大学聘请的教师担任，采用原版教材+英文授课。在企业实训上，其大力开拓国际实训市场，为大学生提供海外实训的机会。在毕业设计上，该高校与英国、爱尔兰等国大学签订了海外毕业设计（实习）合作协议，与英国拉夫堡大学等知名高等院校开展双本科或本硕连读合作项目，还与美国、英国、日本和德国等国家和地区的高等院校签订了中短期交流合作协议，大学生可选择在大学二年级及以后参加各类交流学习与学位合作项目，增加他们的海外学习经验，为毕业后出国深造或去海外就业打下了良好的基础。

（五）加强专门用途外语教学，促进专业衔接与融合

目前，一些大学生反映其无法完全适应双语教学或全外语教学，这主要是因为普通外语与专业外语之间缺乏必要的过渡与衔接，因此"外语+软件工程"专业教学应加强专门用途外语教学，为专业外语学习打下良好的基础，使大学生能更快地适应专业外语教学，提高其专业外语的学习效果。作为复合型外语专业人才，其外语能力主要体现在相关学科领域的应用上。外语知识和能力的要求应从一般通用外语、学术外语和专业外语三个层面去描述和界定。许多大学生缺乏专门用途外语教学的过渡与衔接，在完成外语基本技能训练后，他们就直接开设全外语讲授的相关专业课程，导致学习难度过大及上课效果不佳；如果相关专业教师使用汉语授课，则相关专业知识的传授工具没有体现外语语言专业的基本特征。专门用途外语课程将语言技能的训练与相关专业知识的传授有机地结合起来，这样大学生既能够习得外语语言技能，又能够了解和掌握相关专业知识，从而达到语言知识与技能并进，外语知识与相关专业知识并举，专业基础与应用能力并重，成为社会需要的复合型专业人才。

第三节 双外语复合型人才培养模式

随着世界一体化、经济全球化脚步的逐渐加快，各个国家的经济贸易往来日益频繁，因此当前对于外语人才的需求量更大，要求也更为苛刻，单一的外语专业人才已经很难满足社会的需求。针对这一情况，高校必须从单科的"经院式"人才培养模式转向宽口径、应用型、复合型人才的培养模式。据《21世纪英文报》报道，在全国各地的外语类人才招聘会上，熟练掌握两门以上外语的双外语型人才十分受欢迎。在一些城市的外语外贸人才专场招聘会上，诸如陪同翻译、外事接待、会议口译、市场营销等岗位都有双外语人才的需求。国内许多专家对培养双外语人才持赞同意见。双语型人才的培养是充分挖掘外语院校自身学科优势，实现资源共享，探索复合型外语人才培养最有效的培养模式[①]。

一、学科定位及培养模式

教育部高等学校外语专业教学指导委员会（1999）提出了外语专业复合型人才培养的

[①] 李晓媚. 基于应用导向的高校外语跨文化交际复合型人才培养研究[J]. 现代职业教育.2021，（15）：58-59.

六种模式，而双外语人才培养模式便是其中之一。双外语教学，也称复语教学，其有别于外语专业大纲规定的"外语专业+第二外语"的常规教学模式，在外语专业本科教育阶段调整第一外语的教学内容和教学时间，增加第二外语的教学时间和教学内容，以达到使学生熟练掌握两门外语的教学目标。目前，部分高校外语专业开设了双外语课程，包括一些外语院校、少数综合性大学及理工院校。各校的双外语人才培养模式不尽相同，大致可概括为以下类型：

（一）双外语主辅式

双外语主辅式，即主修一门外语，辅修另一门外语的形式。这是目前较为普遍的双外语人才培养模式。

（二）双外语并重式

双外语并重式人才培养的思路可概括为"基础并进、双语并重"。

（三）双外语沉浸式

双外语沉浸式人才培养很有特色，即：用英语讲授俄语基础课和专业课，用俄语讲授英语基础课和专业课。具体做法是：从俄罗斯聘请教师，将英语作为授课语言，让学生通过英语学习俄语，再逐步过渡到英、俄语参半的授课方式，直至俄语成为基本的授课语言。

（四）双外语＋专业倾向

较有代表性的是国内某大学增设的"法英双语＋经济学"的复合型培养模式。除常规的法语和英语课程外，该专业方向还增设了多门经济专业主干课程，如会计与费用分析、金融、营销、策略与采购等。

（五）多语种复合式

有数所院校尝试了多语种复合式人才的培养模式，学生得以掌握和应用3门以上外语。例如，某大学的四年制老挝语专业，在基础阶段，进行全面严格的老挝语基本技能训练；在高年级阶段，着重训练老挝语综合技能。在第二外语达到大专水平的基础上，增设与其相近似的泰语基础课。该大学乌克兰语专业也采用类似模式，该专业毕业生将通晓3门外语：俄语、乌克兰语、英语。虽然不同院校在双外语人才培养模式上有所差异，但办学目的相同，即在寻求一条培养应用型、复合型外语人才的新路。

二、培养目标和规格

高等学校外语专业教学指导委员会在其《关于外语专业面向21世纪本科教育改革的若干意见》中提出了培养21世纪的复合型外语人才的目标和教育规格："21世纪的外语人才应该具有以下五个方面的特征：扎实的基本功，宽广的知识面，一定的专业知识，较强的能力和较好的素质。"扎实的基本功是指外语专业学生在"双语"方面要有扎实的基本功；宽广的知识面是指除了要熟练掌握"双语"知识外，还应在文学、语言学、新闻、外交、财经、哲学、美学、艺术、历史等相关学科领域内有所研究；一定的专业知识是指对除外语专业知识外的另一外语专业知识的掌握程度；能力不仅包括学生获取知识、运用知识、分析问题、解决问题、独立提出见解的能力，还包括思维创新和工作应变的能力；素质不仅包括文化素质和业务素质，同时也包括思想道德素质、身体和心理素质等。其中，文化素质是基础，思想道德素质是根本。我们应对外语专业学生在批判地吸收世界文化精髓和弘扬中国优秀传统文化方面进行训练，培养他们贯通中西的人文情怀和爱国主义精神。

三、课程体系

以国内某大学英日双语专业为例，根据外语专业的教学要求，结合双外语专业的教学特点和培养要求，该校对双外语专业课程进行了调整。在基础阶段，除了开设外语专业的常规基础课外，还开设了基础日语知识和基础德语知识的课程，即双外语技能课。常规外语基础课包括外语的听、说、读、写等基础课程。相关的双外语技能课，包括基础日语和基础德语的听、读课程。在高年级阶段开设了相关的日语和德语专业知识课程，加强对日语文化和德语文化的了解和掌握，进一步扩大知识面，增强对文化差异的敏感性，提高综合运用外语进行交际的能力。

四、问题及对策

以国内某高校的双外语专业为例，该专业人才培养模式效果显著，但仍需进一步改进和完善。"外语专业双外语复合型人才培养模式理论与实践研究"项目组对该校双外语人才培养模式及教学现状做了调查。从调查统计分析结果看，目前的培养模式存在如下问题，这些问题也可能在各院校普遍存在。

（一）课时多，学生压力大

接受调查的绝大多数学生认为，他们面临的最主要的问题是课时多、时间紧、压力大。这一问题在四年制法英、德英、俄英专业尤为突出。现行教学计划中，法英、德英、俄英专业总学时分别为 3 498、3 464、3 390，而法语、德语、俄语非双外语专业的总学时分别为 2 840、2 908、3 066，前三者较后三者分别多出 23.2％、19.1％、10.6％ 的学时。而针对第二学期非毕业年级双外语方向周学时的统计显示，平均每周为 28.5 学时，最高达到 32 学时。学生表示，由于课时太多，自主学习时间少，没有足够时间对所学内容进行消化、理解。这种情况导致四年制主修外语学习效果受到一定程度影响，据统计显示，德英、俄英双语专业毕业生的八级考试平均分均低于其所在院系语言文化专业的毕业生。因此，解决四年制双外语专业课时过多的问题十分紧迫。

（二）优化辅修外语课程设置及教学

从学生和教师的反馈情况看，目前的双外语方向课程设置及教学，尤其是辅修外语课程设置及教学仍需进一步完善。首先，强化"听""说"技能，增加"听""说"课时；其次，提高辅修外语选修课比例，如在高年级增加选修课数量，以满足学生需求，实现个性化培养；再次，取消或改革某些课程，如报刊选读等课程；最后，加强辅修外语的第二课堂建设。目前，相对于主修外语，辅修外语的第二课堂活动有限。高校应多举办辅修外语方面的竞赛及活动，鼓励学生积极参加，锻炼和展示自己，以提升学生的学习兴趣[①]。

（三）加强课程及师资建设

CCD 课程跨文化远程教育课程是国内某高校建设双外语专业课程的一次突破，具有重要意义。但是，目前这种将两门外语、两种文化融合的课程还并不常见，双外语特色课程建设仍任重道远。同时，应加强双外语师资建设。一方面，辅修外语任课教师因同时还承担所在院系第一外语教学工作，因此对双外语教学的特殊性缺乏系统研究。另一方面，学生希望由通晓两门外语的教师来授课，这样会有助于将两种语言作为整体来学习，以达到最佳效果。当然，目前还不具备将两门外语作为整体进行教学的条件，但如

[①] 姜毓锋，苗萌. 跨文化交际视角下 ESP 复合型人才培养策略探究 [J]. 黑龙江教育（理论与实践），2020（8）：83-84.

果教师有两门外语的学习背景，可以在教学中结合自身学习经验，适时地在语法和词汇等层面对比两门外语，尤其是在基础教学阶段，可提高学生的语言敏感度和学习兴趣。

最后需指出，虽然双外语人才培养已成为外语专业办学的重要模式，但需要学校的师资力量达到一定水平才可开设。另外，双外语专业对学生的外语基础，尤其是入学时的外语水平有较高的要求，不是所有学生都适合选择此专业。双外语人才培养模式既非单一的，也无固定的模式，即使同一院校不同的双外语专业，也可实行不同的教学模式。各院校应准确定位，本着实事求是、因校制宜的原则，从生源、市场需要、双语种组合等具体条件出发，办出自己的特色。双外语人才培养模式中的"双外语"不是两个语种的简单叠加，其中可供研究的问题很多。希望更多的人关注外语专业双外语教学，并在理论和实践上进行更深入的研究，以推动我国的外语专业教育。

第二章 文化产业国际化视角下复合型外语人才培养的新视域

复合型外语人才的培养要与新兴产业相结合,才能培养出更多能够跟上时代步伐的人才。文化产业作为朝阳产业,也属于新兴产业。因此,本章尝试从文化产业国际化的视角去探求复合型外语人才培养的诸多问题。更为重要的是,我国的文化产业正在走向国际化,文化产业的国际化,势必会要求我们培养出更多外语交际能力高,而且精通文化产业知识的复合型外语人才。

发展文化事业和文化产业,不断提高我国文化的总体实力和国际竞争力;提高文化传播能力,不断扩大我国文化的影响力,都是提高国家文化软实力的重要途径。因此,在世界经济和政治全球化的时代背景下,要努力实现我国文化产业的国际化,并且要着重培养能够向全世界传播中华优秀文化的人才。培养复合型外语人才是适应国际文化贸易发展,实现文化产业国际化,进行文化交流与沟通的必然选择。有学者认为,应当培养适应文化"走出去"的国际化人才,要培养既懂文化又懂市场,既懂创意又懂经营,既懂国际贸易又精通英语的外向型、创新型、复合型、协作型人才,并将其作为文化产业人才建设的重中之重。因此,复合型外语人才的培养是文化产业国际化的必然要求。有学者针对文化产业发展趋势和国家文化战略,提出了高校外语专业人才培养的方向:将外语教育与文化交流、文化产业发展、文化产品贸易、跨文化企业管理、跨文化企业并购等相结合,进一步拓展专业方向和复合型人才培养空间,构建专业特色。文化产品是承载着人文精神和价值的特殊商品,如果没有精通外语、谙熟中外文化的国际化人才,文化产品的开发和贸易以及在国外市场的营销必然碰到许多问题。

复合型外语人才的培养是要突破之前单纯的语言和文化理论教学的局限,借助于文化产业国际化的发展潜能，面向国际市场，以培养具有跨文化交际能力和跨学科知识与能力的高素质人才为目标，以国际化的视野推进人才的培养。以文化产业国际化为时代背景，复合型外语人才的培养在国内应当说只处于初步发展的阶段，尚未形成完善的理论知识。如何将复合型外语人才培养成适应文化产业国际化这一趋势的专业型、应用型人才？这是值得我们认真思考的问题。

中华文明大繁荣和大发展这一历史重任必须落在一大批优秀的文化人才身上。实施文化"走出去"战略，提升中华民族的文化凝聚力，必须造就一批高素质的文化传播人才。"人才兴文"是我国对外文化交流的重要战略，是文化强国的重要举措。只有培养高素质的人才，才能发展文化事业，推动文化产业不断创新。重视文化产业人才队伍建设，着力造就文化产业的领军人物和专业人才，培养一批懂经营、善管理的复合型人才，是文化领域人才培养的重要任务。将复合型外语人才的培养置于文化产业国际化这样的大背景下，具有时代意义和国际化视野，是开阔人才培养的视野，促进国家乃至世界发展的重要举措[①]。在这样的国际大环境中创新复合型外语人才培养模式，我们必将面临新的机遇和挑战。

第一节 文化产业国际化为复合型外语人才培养带来的机遇与挑战

一、文化产业国际化为复合型外语人才培养带来的新机遇

21世纪不仅是政治、经济和军事力量的竞争，而且是文化力量的较量。新的时代呼唤新的人才培养模式，在文化产业国际化这一时代背景下，提出全面培养复合型外语人才的要求，是从国家长远利益出发，符合时代要求和外语教学规律的。21世纪是文化领域全面走向国际交流与合作的重要时期，在全球范围内，国与国之间的文化交流更为紧密，同时，文化软实力的竞争也更加激烈。文化软实力的竞争，归根结底是人才的竞争。只有拥有创新型的人才，才能为文化软实力的提升带来巨大的国际影响力。国际化是21世纪的一个显著特征。在这一时代背景下提出培养创新型、复合型的外语人才，能够开阔外语教育的新视野，培养出

[①] 常晓敏.中国文化"走出去"战略背景下日语专业文学阅读课程教学改革探索与实践[J].当代教育实践与教学研究，2020（6）：185-186.

更多、更优秀的外语人才，才能不失时机地促进国际文化交流。21世纪外语人才的典型特征就是国际化，文化产业的国际化恰好为复合型外语人才的培养注入了新的活力。文化多元化对复合型外语人才提出了更高的要求，现行的人才培养模式已经不能满足岗位工作的需求，时代需要有一批更加尖端的、创新型的复合型外语人才。能够适应文化产业国际化这一发展要求的复合型外语人才在一定程度上能够称得上是精英，是在之前人才培养规格基础上的提升。

在当今社会，文化产业的发展及其国际化趋势越来越表现出与不同学科之间的交叉和融合。高校作为文化产业人才的"青训营"，为行业输送各类人才，对文化产业的发展具有举足轻重的作用。目前，我国高校人才培养能力比较薄弱，文化产业学科建设需要更有针对性，打破了学科间、学院间、学校与社会间甚至是国家间的壁垒；人才培养需要进行多元化教育，培养不同层次的人才。因此，积极推进外语专业与文化产业国际化这一领域的复合，是为了满足社会发展的需求，推进国际交流与合作这一国际性需求。文化产业国际化已逐渐成为历史发展的潮流，也推动了高等教育的发展。培养一批精通外语和文化产业国际化领域知识的复合型人才，已经成为一股不可阻挡的历史潮流，在人才培养方面形成自己的特色。

在新的时代里，教育国际化趋势日趋明朗，办学的力度加大，规模渐增，合作领域愈加广泛。此外，国际化合作办学也为复合型外语人才的培养提供了机遇。合作办学促使各国顺应形势，利用自身的教育资源更新教育理念，拓宽办学思路，努力培养适应社会需求的人才。毫无疑问，合作办学必然是文化之间的交流，必然需要一大批精通外语的人才。这也是时代为复合型外语人才培养提供的有利条件。只有做到中西合璧，不断培养适合时代要求的外语人才，才能保证合作办学的顺利进行，才能培养出高素质的国际化人才。

培养复合型外语人才是一项复杂而又艰巨的任务，需要我们的努力和付出，为了培养出符合文化产业国际化这一要求的人才，我们必须在抓住机遇的同时，认真分析所面临的新挑战。

二、新机遇潜藏新挑战

尽管文化产业国际化为复合型外语人才的培养带来了机遇，但同时也潜藏着许多危机。在这一背景下培养复合型外语人才依然面临着诸多挑战。首先，文化产业国际化为国家的文化安全带来了危机。西方文化的入侵给我国的文化发展带来了巨大的冲击，严重影响了青年一代的发展，阻碍了中国文化的传播。"西方文化霸权""文化贸易逆差"等，都给我国文化产业的发展带来了巨大的冲击。其次，与西方发达国家相比，我国的文化产业发展还处于初级阶段，我们的文化建设、文化产业管理、文化产业人才的培养，还处于滞后的状态。如何能够在文化产业国际化这样的时代背景下提高人才素质，大力发展文化产业，充分挖掘我国的文化资源，发挥人才智力优势，做到扬长避短，这些都是值得我们思考的问题。此外，将复合型外语人才的培养置身于文化产业国际化这一背景下，促使外语和文化产业国际化之间的融会贯通，这在我国外语教育史上尚属于开端阶段，即不成熟的尝试阶段。在这一过程中，尽管我们可以参照复合型外语人才培养的历史经验，也可以借鉴文化产业国际化这一领域的新观点和新思维，但将二者相结合，并且开辟出一条人才培养的道路，必然是机遇与挑战并存。这是我们在新的历史时期探求外语教育发展的新道路中必然遇到的，新的挑战是这一历史时期复合型外语人才培养的一大难题，又是一项重要课题，是值得我们去深思和研究的[①]。

文化产业是资金、技术、人才密集型的产业，从事文化贸易的人员既是专才，又是通才，需要经过专门的教育和培训才能胜任文化经济工作。我国文化产业发展和复合型外语人才培养的现状表明，在文化产业国际化这样的背景下培养复合型外语人才，还需要逐步探索，才能消除危机，还需要摸索出人才培养的经验，才能打造出合格的人才。

第二节 文化产业国际化视角下培养复合型外语人才的关键点

21世纪是世界各国文化产业发展的重要战略机遇期，我国的文化产业也跨上了一个全新的发展阶段。首先，我国加入世界贸易组织，成功举办世博会等，为我国文化产品参与国际市场竞争提供了良好的条件。其次，各国文化资源逐步实现共享，文化时尚、文化生活日益丰富，促使各国文化产业依存度逐步加深，文化市场国际化、全球化，为我国文化产业的国际化开拓了更加广阔的发展空间。再次，经济的持续发展，促使人们拥有更多的精神需求，文化消费快速增长。最后，国家十分重视文化建设，以此来提高人们的思想道德水平。这是建设社会主义和谐社会的基础，也是构建和谐世界的必要举措。在这样的环境下，我国的文

---

① 胡纯，陈茜，张吟松.基于云南高校的泰语教育与跨文化交际人才培养探究[J].智库时代，2020（10）：179-180；283.

化产业只有走国际化的道路,才能满足人们的精神文化需求,增强中华文化在世界上的竞争力。

创新是我国文化产业国际化的动力和源泉。其中,人才培养机制的创新是重中之重,是促进我国文化产业走向国际化道路的核心。只有在文化产业国际化的大背景下,创新人才培养机制,全面创新和改革人才培养体系,造就高质量的专业技术人才,确定人才培养的关键点,才能与时俱进,有力促进文化产业国际化的蓬勃发展。

一、专业定位

在专业定位上,各院校应当根据自身的优势和专业发展特点,制定合理的人才培养目标,开设相关专业。复合型外语人才的培养,对其专业定位最明确的要求就是定位要"明确化""精确化"。根据复合型外语人才的定义,前文将其专业描述为"外语+X"。那么如何对其专业进行定位?如何处理好外语与X之间的关系?这首先涉及两个方面的问题。

(一)以外语为主专业,文化产业国际化方向为辅修,也即跨学科专业方向

复合型外语人才的培养必须要避免一个错误的倾向,那就是切不可以复合型为掩盖,进而迷失了专业方向。复合型外语人才的培养,就是说我们培养出的是外语人才,而不是文化产业人才。其专业必须是外语,也就是说,外语是主专业,一切的教学活动都离不开外语这个主方向。外语专业人才的培养必须严格按照国家规定的专业教学要求进行,不可偏废,更不可偏离外语这个专业方向。此外,本书是以文化产业国际化为切入点,探讨复合型外语人才的培养问题,那么,何为复合型外语人才?如何界定其专业?这些都是必须要讲清楚的。笔者认为,对本书中复合型外语人才培养的专业定位可以描述为:以外语为主专业,以文化产业国际化为跨学科专业。

(二)跨学科专业方向的定位

究竟X应当包含什么,这就会涉及其专业定位的问题。当然,在文化产业国际化背景下,X必须是文化产业的某一分支学科,同时也必须具有国际化这一特点。然而,文化产业是一个很宽泛的概念,门类很多,如文学、艺术、服装、动漫、演艺、民俗工艺、旅游、新闻传媒等,都是文化产业的分类与专业方向。那么究竟如何来定义X,即文化产业专业方向,笔者认为,我们必须要给出一个明确的、精确的定位,才能保证人才培养的质量。哲学中的重点论告诉我们,人才的培养也要突出专业特点,有所侧重地培养专业的人才。对于X的定位,

我们不妨根据高校的特色和学生的学习兴趣来划分。例如，理工类院校的外语专业，就可以将 X 定义为以理工科为基础的文化跨学科专业方向；以旅游为特色的高校，就可以将 X 定义为旅游管理之类的相关专业方向。总之，只有给 X 一个准确的跨学科专业定位，我们才能制定明确的人才培养目标、培养模式等。

总之，复合型外语人才的培养是从 20 世纪 90 年代开始兴起的，但时至今日，仍然有许多不足，其中一个典型的特征就是复合的领域较少，学科门类比较单一。因此，要拓宽外语与其他专业复合的领域，丰富学科门类，合理设置专业课程，是新时代对复合型外语人才培养发出的呼唤。在文化产业国际化这样的领域当中，复合型外语人才的培养应当具备十分明确的人才培养目标，有目的、有计划地开设人文、社科、艺术等领域的课程。在遵循外语教育规律的前提下，确立以外语为核心的人才培养模式，按照外语专业的标准打好外语基础，在此基础上，拓宽专业课程设置，尽可能开设丰富的文化类课程，并且明确方向，为学生将来从事文化产业方面的工作铺平道路。鼓励学生在学好外语专业知识、掌握外语技能的同时，将跨学科方向的知识渗透到学习和生活中去，从而在未来的工作中有所作为。各院校应当实事求是、因校制宜，发挥各自的优势，从文化产业的不同领域中寻求发展的动力，开拓人才培养的新领域，开办出自己的专业特色，构建别具一格的人才培养模式[①]。

二、人才规格

复合型外语人才的聚焦点是人才规格，即这种人才在保持原有外语特色的同时，又被赋予了一定的专业属性，乃至在人才规格上形成了一种创新。

复合型、应用型外语人才的培养要求我们变换育人造才的模式，探索出更具包容性、跨越性，更富有弹性的多元化外语教育培养机制与途径，旨在克服传统外语人才培养模式的弊端，提高培养规格。因此，复合型外语人才规格较传统的人才规格更高、更新颖，突出强调了应用能力，更加符合社会发展的需要。

适应文化产业国际化这一发展趋势，培养出的复合型外语人才应当达到相当高的标准，才能称其为合格的人才复合型外语人才。培养首先应当强调"应用型""创新型""研究型""国

---

① 王芳. 潍坊外贸从业人员跨文化交流能力研究[J]. 潍坊学院学报，2020，20（1）：22-27.

际型"的标准。

（一）应用型

应用型人才是能够将所学的专业知识和掌握的技能运用于所从事的职业中的专门技术人才，是相对于理论型人才而言的，是主要从事某一生产技术的专业人才。应用型人才必须具备以下几个条件：掌握专业知识；具备较强的操作技能和实践能力；具有创新精神，能够创造性地将知识运用到实践中；具有团队合作精神，能够较好地与他人相处。复合型外语人才一定是具备较强实践能力的人才，是能够突破以往的局限，具备较高的应用能力的新型人才。他们掌握丰富的理论知识，并且将理论应用于实践，能够为社会做出较大的贡献。随着社会和高校的发展，新型外语人才要在社会上立足，有所创新，就应当具备较高的应用能力。应用型、复合型外语人才，是能够适应就业形势，适应已有的学科发展需要，满足文化市场和社会发展的需求，将所学的知识有效地应用到现实生活中，创造出经济和社会价值的人才。复合型外语人才的培养要想得到持续稳定的发展，就要与文化产业国际化的趋势相适应，培养应用型的人才，和国际上优秀的文化产业人才相抗衡，改变人才素质低下的现状，表现出较强的社会适应性，展示出较高的应用才能，技能熟练，能够独立地解决问题。时代的发展赋予学校更多的任务，也对人才的应用能力提出了较高、较严格的要求。高校不但要教书育人，还要推动产业发展，为区域经济和文化发展，以及社会的发展贡献力量。复合型外语人才只有顺应社会的发展，提升自己的素质和能力，才能够成为合格的人才。

（二）创新型

创新是一个民族进步的灵魂，是一个国家兴旺发达不竭的动力。创新能力是衡量当代大学能力的重要指标之一。长时间以来，我国的高校教育缺乏对学生创新能力的培养，最终导致学生的综合能力不高。当今社会是一个开放型的社会，需要有大量具备创新能力的人才。

教育是培养人才和增强民族创新能力的基础，因此必须将其放在现代化建设的重要位置。我们要继续坚定不移地实施科教兴国战略，不断培养大批合格的社会主义建设者和接班人，不断造就大批具有丰富创新能力的高素质人才，不断提高全民族的思想道德素质和科学文化素质。这是实现中华民族伟大复兴的必然要求，也是我国社会主义教育事业的历史任务。

复合型外语人才的培养也不例外，应当加大大学生创新精神和实践能力的培养，促进复合型外语人才培养目标的实现。外语人才的培养从单纯的语言文学培养，发展到复合型外语人才的培养，这是一个创新的过程。但是，我们必须要明白一点，对于复合型外语人才的培养，还必须突出强调"创新"二字。近年来，随着我国在国际政治、经济、文化、科学技术舞台上的作用不断加强，经济益发全球化，知识经济日趋明朗，文化交流日渐多元化，复合型人才已不能满足一些岗位的更高要求。时代需要一批更为尖端的外语人才（创新型人才），即在国际交流中独当一面，能够创新性地开展工作。总之，创新型人才是复合型外语人才的重要标准。可以说，当今社会缺少的不是外语人才，而是具有创新精神和创新能力的复合型外语人才。全新的国际国内环境，对复合型外语人才提出了更高的要求。他们只有不断创新，才能跟上时代的步伐，直面挑战和冲击。只有把创新摆在突出位置，强化大学生创新能力的培养，才能不断完善复合型外语人才培养模式。我们期待创新型外语人才脱颖而出，为文化产业的发展做出贡献[①]。

（三）研究型

复合型外语人才的培养是一个循序渐进的过程，存在于大学、硕士研究生、博士研究生各个阶段，而并非强调本科阶段人才的培养。同时，我们培养出的人才是有着较强的实践能力，能够学以致用，并且能够在实践中发现问题、提出问题，独创性地解决问题，能将问题上升到理论高度，形成研究课题的人才。他们要既能够做到从实践中来，又能够服务于实践、指导实践。教师应当为学生搭建研究的平台，帮助学生发现问题，解决问题，指导学生完成研究课题。学生的研究能力既体现在课堂中，又体现在课堂外。在课堂上，学生可结合教学内容，结合教学实际，对教材、授课内容、教学进度、师生互动等形成课题，进行研究。教师对于学生研究能力的培养，可通过开设具有研究性的课程、论文写作、读书报告、课题研究等来展开。在课堂外，学生可结合实践，配合相关部门，通过实验设计、模拟练习、实习等活动，创造性地提出问题，对其进行研究，并在实践中验证研究的结果。我们认为，学生的研究能力与理论创新能力和实践能力有着千丝万缕的联系。设计和开展研究性的学习活动，拓展学生的研究能力，确立研究型的教学模式和考核方法，启发学生的心智，是复合型外语

[①] 刘艳萍. 跨文化交际视角下外语人才国际化实践能力培养研究：以广西财经学院为例[J]. 广西教育学院学报，2019（4）：91-95.

人才培养的重要内容。

（四）国际型

中国作为一个国际化的大市场，人才的国际流动性也越来越频繁。外资的大量进入和人才流动的国际化，将使高层次人才和热门专业人才更加走俏，特别是国际贸易、市场营销、商务谈判、信息技术、国际旅游、财务、人力资源、行政、外语外贸、翻译、工商管理、国际法等职业对涉外人才的需求将更为迫切。党政机关、各行各业也因国际交往频繁而大量需要国际通用型人才。

"国际型"这一标准更能概括出文化产业国际化背景下，复合型外语人才的培养方向。外语教学、文化教学和国家文化产业发展相结合，能够使学生充分地利用我国丰富的文化资源和国外市场，参与国际文化合作和竞争，扩大对外文化贸易，成为复合型的国际化人才。"国际型"既是对复合型外语人才培养标准的诠释，又是我国人才培养的完美呈现。在文化产业国际化的背景下，我们培养出的符合国际标准、服务国际社会的复合型外语人才，不仅仅是为了满足国内社会的发展，还是促进全世界进步的明智之举，更为重要的是，更加彰显了我国的传统文化思想中"和为贵"的精神精髓。例如，上海某大学于20世纪90年代提出了打造"国际型人才培养创新平台"，大力拓宽外语人才的国际化视野；再如，北京某大学外语学院的本科培养目标为"培养具有扎实的英语语言文学专业基础、宽广的人文社科知识和出色的学习、思辨、创造、合作与领导能力的国际型、通识型精英人才"。毫无疑问，"国际型"也是北京外国语大学英语学院的人才培养目标。很显然，"国际型"已经成为外语人才的重要标准之一。这一规格体现出我们的培养目标，即培养出具有国际视野、国际竞争力，并且能够促进国际文化产业发展的高素质人才。"国际型"是人才培养的主要努力方向，更加体现了外语专业教学以更加开阔的胸襟，大力强化国际化专业建设的战略。外语院校在培养国际化人才方面责无旁贷，要勇于在培养国际化人才方面有所作为，率先突破。高等外语院校不能满足于已取得的成绩，而是要以成绩为基础，继续改革创新，探索人才培养改革的新的突破口，即以国际化培养为主线，以学生发展为中心，全力培养善于进行跨文化沟通的国际型外语人才。全球大发展，我们不得不转变教育理念，创新人才培养规格，与国际化需求相结合，优化人才培养结构，满足人才市场需求，实现人才培养的跨越式发展。

从我国对外文化交流的人才队伍总量和规模看，近些年来虽有很大提高，但人才缺乏，特别是高素质、复合型的文化产业人才的缺乏，已成为我国文化产业"走出去"的一大制约因素。

要突破目前制约文化产业"走出去"的人才瓶颈，就必须造就一支高素质的人才队伍，抓紧培养善于开拓文化新领域的拔尖创新人才、掌握现代传媒技术的专门人才、懂经营善管理的复合型人才、适应文化"走出去"需要的国际化人才。

以国际化为导向深化改革，制定人才培养的规格，主动与文化产业的国际化靠拢，提高人才培养的质量，从而更好地振兴中华文化，实现文化强国的梦想，这是在新的历史时期，以外语教育促进文化软实力提升的新路径。

笔者认为，"应用型""创新型""研究型""国际型"是人才的规格。培养具有较高的应用能力、具有创新思维、善于钻研，且具有国际化眼光的复合型外语人才，对于改革教学模式、推动学科发展、提高人才培养质量、服务社会，都具有十分重要的意义。

三、能力指标

针对复合型外语人才的培养应当建立多元的能力指标体系，由单一型教育向多元化发展。能力指标的制定要突出反映人才培养的目标，能力指标要既能够反映出社会的需求，又能够体现出人才发展的个性化需要。处理好总体和个体之间的关系，是制定能力指标体系首先要明确的任务。再者，能力指标体系的构建还要明确一点：建立立体式的综合评价体系，从多个维度对学生的素质和能力进行考查。

首先，能力指标的制定要根据社会发展的需求，以及高校自身的优势，制定合理的人才能力指标，准确定位人才的质量，建立统一的评价指标体系。

其次，能力指标的制定还要结合学生的个性发展需求，满足学生自身的发展，建立灵活的个体能力指标体系，突出个性差异。

关于复合型外语人才的能力指标，人才培养目标能力归结为以下几个方面：扎实的基本功（主要指学生的外语知识技能）、宽广的知识面、一定的相关专业知识（复合专业知识）、较强的能力（综合能力，如与他人合作的能力、创新的能力等）和较高的素质（如思想道德素质、身心素质等）。

我们结合前人的研究，以及本书中提出的"应用型""创新型""研究型""国际型"这四项标准，尝试提出了以下几点。

（一）外语能力

复合型外语人才首先必须是具备良好的外语能力，才能是合格的人才。复合型外语人才的培养要避免极端现象的出现,那就是将外语作为辅助,而把跨学科知识与能力当成是主要方面,这无疑是在喧宾夺主。复合型外语人才是以外语为主,跨学科为辅的。因此,复合型外语人才必须具备良好的外语能力,具备听、说、读、写、译这五个方面的能力。无论是传统的外语教育,还是复合型外语人才的培养,都强调外语以及运用外语进行交际和从事工作的能力。"一专多能"始终是以"一""专"为核心,"多""能"应当融合于外语教学之中,将能力的培养与创新教育相结合,引导复合型外语人才的培养走向健康、持续的发展道路中去。复合型专业则将目标锁定在"固本强身"上;所谓'固本'就是继续强化外语能力的培养,而"强身"则针对复合专业,强调做强[1]。因此,创新人才培养机制,提升人才培养规格,提高人才的综合素质,首先应当"固本",这对于复合型外语人才培养和外语专业教学改革都具有指导意义。

(二)文化素质

外语教学是架起通向外域文化的桥梁,承担着促进中国文化和外国文化交流的重任。然而,我们不得不清晰地认识到,外语人才培养的主要目标就是通过各种渠道和途径传播中国文化,因此我们要培养外语人才的人文素质,加强他们的文化自觉和文化自信,将他们培养成为未来文化建设的中坚力量。

复合型外语人才必须具备良好的文化素质。需要特别指出的是,我国的外语教育中出现了文化教学失误,即"中国文化失语症"。为了避免其进一步恶化,我们一定要及时纠正文化教学上的失误,确立以中国文化为本位,以传播中国文化、促进中西文化交流为目标的教学理念。值得我们警醒的是,改变"中国文化失语症"的教学现状,切不可走向另一个极端——忽视外国文化素质的培养。因此,我们所倡导的文化素质指的是中西合璧、学贯中西。此外,本书中的复合型外语人才培养是以文化产业国际化为时代背景的,所以,对其文化素质的培养还应当注重文化艺术素养。

1.中国文化素养,尤其是中华传统文化

在文化交流日益频繁的今天,中国文化在国际文化交流地位中的转变,也从不同侧面刺激外语教学工作者反思现行的文化教学,只注重目的语文化输入的教学已不适应当前母语文化输出的需求;培养学生正确的跨文化交际意识,弘扬中华民族优秀的传统文化,才是解决中国文化失语症的有效途径。例如,汉语国际推广这一重大项目,就是文化"走出去"重要

---

[1] 陈思佳,丁秋实,郝文昊,等.本科翻译专业学生能力培养探索———以五年制双外语翻译人才培养为例[J].校园英语.2020,(29):15-16.

项目之一。再者，我国在世界上许多国家成立了孔子学院，编纂《儒典》等，都是继承和弘扬中华传统文化的重要举措。近些年来，我国法定假日的调整，也反映出我国对传统文化和节日的重视。中国传统节日被列入法定假日范畴，是在呼吁人们留住文化根基继承和发扬文化传统。此外，中籍外译也是弘扬传统文化的一大工程。如"百部国剧英译工程""京剧中国"有声普及读本等，填补了传统文化对外传播的空白。

目前，弘扬中华传统文化活动正在轰轰烈烈地开展，这一现状更加说明了应当注重复合型外语人才对于中国文化素质的提高。只有具备了良好的中国文化素质，复合型外语人才才能主动承担起传承和传播中华文化的重任。高校复合型外语人才的培养应当突破以往的瓶颈，注重中华文化素质的提升，解决外语人才中华文化缺乏的问题。中华文化素质的提高，是解决以往复合型外语人才培养中存在的问题的重要举措，是夺取文化产业人才培养制高点的关键因素。弘扬中华传统文化是中华文化"走出去"这一战略的基本内涵，加大中华文化素质培养的力度，才能扩大中华文化的国际影响力，增强我国的文化产业竞争力，促使更多的国家认识我国的文化、尊重我国的文化，树立良好的国际形象。尤其是对传统文化进行创新，融入现代化元素，这对于弘扬传统文化十分有益。总之，只有结合中华文化"走出去"这一时代背景，将培养复合型外语人才的中国文化素养纳入中华文化"走出去"和我国文化产业国际化的总体布局中来，我国的文化产业发展才能更上一层楼，中华文化"走出去"才能具有坚实的人才支撑。

2. 外国文化素养

复合型外语人才除了应具备较高的中国文化素养，还应当具备较高的外国文化素养。只有这样，他们才能够学贯中西。中国文化和外国文化就像是一个人的两条腿，缺少了任何一个都是不行的。从目前的教育现状来看，外语教育，如英语专业的教学，十分重视英语国家的文化。从开设的课程来看，英语国家文化、跨文化交际、等课程，都十分重视英语国家文化的输入。然而，学生的英语国家文化素养并不乐观，大都停留在表面，没有深入研究问题，也较少有机会去亲身体验。因此，笔者建议，在文化产业国际化的强劲势头下，要想更好地培养复合型外语人才，应加大外国文化素质培养的力度，将理论和实践相结合，帮助学生真正掌握理论知识，并在实践中提高自身的认识，使学生能够做到正确认识中国文化和外国文化之间的差异，尊重异国文化。

3. 艺术素养

艺术素养是文化产业背景下培养复合型外语人才的必要条件之一。文化产业的发展必然离不开艺术。文化产品的创作、鉴赏，都必然会涉及个人艺术素养的高低。精湛的艺术作品是艺术家思想和道德的折射，只有广泛摄取艺术营养，才能做到融会贯通，开辟艺术领域新局面。复合型外语人才必须具备较高的艺术素养，才能升华个人，创造性地表达艺术的内涵、特定思想和情感。艺术素养是复合型外语人才由内而外散发出来的气质，是他们感受美、欣赏美和表达美的素养和能力。艺术素养对于提高复合型外语人才的审美能力，陶冶他们的情操，具有不可替代的作用。本书中的复合型外语人才培养是站立在文化产业国际化的高度上提出来的，因此他们必须具备文化艺术素养。文化艺术素养是指具备艺术和人文精神，能够懂得欣赏艺术、鉴别艺术品、创新艺术价值，对艺术发展史和发展现状有所了解，并能初步预测艺术发展趋势，能够总结概括艺术思想，能够进行国际比较与对比的素养[1]。

4. 综合文化素养

文化产业必须借助现代科学和技术，以自然科学和社会科学为基础。文化产业的发展不能仅仅局限于社会科学领域，不能使社会科学和自然科学不均衡发展，而是应当实现可持续的、平衡性发展。复合型外语人才的培养需借鉴文化产业发展的经验，依托文化类学科的优势，汲取自身所需的营养，实现均衡、跨越式发展。

（三）文化创意与创新能力

当代的教育改革正在实现一个转向，那就是把创新精神和创造能力的培养作为教育的核心任务。这一改革旨在改变以往以教师为中心，学生被动接受的教育传统，突出强调学生主动学习、积极探究。文化产业的发展对人才的培养提出的要求亦是如此。创意与创新是文化产业人才应当具备的素质和能力。作为以文化产业为跨学科知识的复合型外语人才，也必须具备文化创意与创新能力，才能适应文化产业国际化的发展，才能是合格的人才。要让学生意识到他们既是文化传统的传承者，又是创造这一传统的参与者。中华民族伟大的文化复兴依赖于无数的文化创造者，因此对于学生的文化创意与创新能力的培养，应尝试制订一个符合复

---

[1] 祝朝伟.CATTI 证书嵌入式翻译专业人才培养模式改革研究——以四川外国语大学为例[J]. 中国翻译，2019（4）：75-81.

合型外语人才人文艺术教育的长远计划，为每一个学生提供创造性发展的机会，使每一个人才的创造性潜能都能够得到开发。

（四）跨文化交际能力

跨文化交际能力是外语人才必须具备的能力之一，是外语教学的高级目标。在跨文化交际能力的基础上，应超越目的语单一文化，培养学生与多种文化交流的能力。文化产业国际化，对复合型外语人才的交际能力提出了更高的要求。跨文化交际能力不只是单纯的语言方面的交流能力，更是在文化产业的某一领域进行策划、研究、设计、研发、产品推广与销售，甚至包括文艺演出等，在文化产品和服务流通的各个环节都要与国外进行沟通的能力。这就要求复合型外语人才要具备良好的文化专业知识，通晓国内外文化产业发展的趋势，尤其是自己领域的发展状况。

此外，跨文化交际能力的培养还应当与时代和社会的变化同步。目的语语言和文化的获得，是随着时代的变迁、社会的发展而产生变化的，跨文化交际能力的培养亦是如此。随着国际交往层面深入及交际范围的扩大，跨文化交际能力的时代性特征越发明显了。例如，旅游业的发展要求外语人才在对外交际时就要使用符合市场经济需要的语言和交际技能。对学生跨文化交际能力的培养不能只停留在语言教学和技能性知识的灌输上，还应当鼓励学生在课堂教学活动的组织上，以及在校内、校外实践活动中，都能够创设真实的交际情境，让他们在真实的情境中担任角色，切身体验跨文化交际的真实性和时效性，帮助他们纠正错误的交际方法，从而真正提高他们的交际能力。同时，还应当具备科学的思维方法和沟通技能，能够对本国文化产品进行有效的对外宣传，扩大其知名度，促进中外文化贸易的发展。提高外语专业学生的跨文化交际能力，是培养优秀人才的基石。一个拥有较高跨文化交际能力的外语人才，才能够在文化产业中拥有国际化的视野，以包容、开放的态度迎接挑战，从而善于合作、大有作为。

（五）跨学科知识与能力（文化产业方面）

跨学科知识与能力是复合型外语人才培养的中心。本书着重论述文化产业背景下如何培养复合型外语人才这一问题。因此，此处的跨学科知识与能力专指文化产业方面的知识与能力。

外语和跨学科专业之间的关系可以用一只鸟的比喻来说明：外语是鸟儿的躯干，跨学科专业就是鸟儿的两翼，缺少了躯干和两翼都是不行的。一旦缺失两翼，鸟儿也就失去了飞行的能力。因此，必须明确跨学科专业的重要性。只有这样，复合型外语人才才能如同鸟儿一样，飞得更高、更远。

（六）研究能力

研究能力在前文中已经有过论述，在此不再赘述。尽管我们十分注重复合型外语人才的实践能力，但不可忽视其研究能力的培养。

（七）综合能力

综合能力包括对知识的运用能力，提出问题、解决问题的能力，处理问题的能力，与他人合作的能力，开拓创新的能力，等等。人的全面发展的教育理论告诉我们，无论是哪个专业的人才，都应当具备较高的综合能力，复合型外语人才也不例外。

第三章 创新人才培养视角下复合型外语人才思辨能力培养研究

第一节 创新人才培养视角下复合型外语人才思辨能力培养研究

我国高等教育界逐步认识到对外语人才批判性思维能力培养的重要性，"思辨缺席症"是长期困扰英语专业人才培养的软肋。《国家中长期教育改革和发展规划纲要（2010—2020年）》规定：坚持以人为本，着力提高学生勇于探索的创新精神和善于解决问题的实践能力。外语人才培养，如果忽视了培养学生具有批判性思维能力，所谓"创新精神"和"实践能力"都将成为无源之水和无本之木。培养批判性思维能力，成为当前外语界的基本共识。黄源深教授两次撰文阐述外语专业学生的弱点是思辨能力差，步入工作岗位只能做亦步亦趋的匠人，提出教学应该转型、课程必须彻底改革，以及师资、教材建设等提升学生"思辨缺席"的问题。文秋芳教授撰文阐述，近20年来国内外学者对大学生思辨能力的研究越来越重视，研究大致分为两类：思辨能力的界定与测量；探索高等教育中思辨能力培养的途径及其有效性。李莉文教授撰文，通过压缩技能课时比例、调整教学内容和改革教学方法，英语专业完全有可能在巩固和加强听、说、读、写、译等基本功的同时，实现提高批判性思维能力人才培养核心目标。有学者将思辨能力或称评判性思维能力定义为个人为了决定某物的真实价值，运用恰当的评价标准进行有意识的思考，最终做出有理据的判断能力，同时提出了三元结构思辨能力模型。有学者认为个体思维水平分为三个层次：形象思维、形式思维、辩证思维，大学阶段应主要发展辩证思维能力。近30多年来，美、英等发达国家进行的一场"批判性思维运动"已蔚为壮观，宗旨是通过批判性思维教学活动，纠正学生消极、保守、多错、低效的不良思维习惯，培养批判性阅读、聆听、观察、演讲和写作等思辨能力[①]。

目前，加强复合型外语人才的思辨能力和创新能力培养成为复合型外语专业教学的首要任务，思辨能力培养对学生各项具体能力包括语言表达能力、创新能力、思维能力、学习能力等产生和发展有着不可替代的意义。外语思辨能力对于提高高等教育的教学质量大有裨益，将怀疑和创新精神融入外语教育之中，已得到越来越多的国内外研究者的关注。笔者对复合型外语专业学生的思辨能力培养中涉及的影响思辨能力的内外部因素和构建创新型思辨能力培养提出了有效的模式与方法。

一、布鲁姆认知分层理论的思辨能力分析研究

美国著名教育心理学家本杰明·布鲁姆早在1956年就将思辨能力的培养视为大学教育的主要目的，并将认知领域教育目标分成记忆、理解、应用、分析、综合、评价、创造等六种分层类型，前两种属于认知领域里较低层次的思维技能，后四种则属较高层次的思维技能，前者是后者的基础与前提。布鲁姆的认知能力分层理论在教育领域得到普遍认可，安德森和克拉斯沃尔在2001年将其进行了阐释和修订，形成了改良版的思辨能力类级模型。以上三人的贡献在于将思辨能力中各种技能进行分层分级，突出思维技能的过程性和动态性，并且将创造能力明确提出作为思辨的最高层级，在一定程度上解释了思辨与创新之间的关系。

在复合型外语教学过程中，采用布鲁姆认知分层法进行批判性思维研究，包括学生的认知技能和情感倾向两个维度，探究影响外语类大学生思辨能力发展的内、外部因素，包括培养模式、课程设置、教学方法、测试方法、师资发展、学生因素、教材因素等影响学生思辨能力与语言运用发展的综合体系建构。目的是使思维方式、研究方法的互补成为提高思辨能力与学科发展的核心内涵，以培养学生具有判断力、自主性和创造性的思辨能力。

二、影响复合型外语类大学生思辨能力发展的内外部因素

复合型外语类大学生思辨能力的核心竞争力是语言思维方式的准确性、灵活性和逻辑性。外语思辨能力的具体形式以外语基本功和思维能力形成为基础，结合思辨内容的外语基本功训练和以外语为媒介的思辨训练。

[①] 平洪. 翻译本科教学要求解读 [J]. 中国翻译，2014（1）：53-58.

（一）影响外语思辨能力培养的内部因素

影响外语思辨能力培养的内部因素主要涵盖学习者的认知能力、情感倾向、分析能力、自我意识等方面内容。

认知能力是外语学习中学生对语言及其相关学科内容的构成、性能与他物的关系、发展的动力、发展方向以及基本规律的把握能力，包括对学习能力的知觉、记忆、注意、思维、理解、运用、分析、评价、创造和想象能力的整体把握。

情感倾向直接关系到思辨能力培养的成功与失败，积极与消极的情感倾向都有可能成为思辨能力培养中不可或缺的意义表达，尊重学生、爱护学生是获得积极情感意义的重要渠道。

分析能力是思辨能力培养中对语言的编码和记忆能力、归纳语言学习能力、语言敏感性的认知辨别能力。

自我意识是外语学习的"人"的内在前提，在内外两方面合乎其本性地展开和实现。

（二）影响外语思辨能力培养的外部因素

思辨能力是学生获取知识、追求真理的必备技能。学习过程中没有思辨能力的参与和自我意识的认知表达与情感倾向的外露，就缺少主动地接收信息、识别信息和存储信息的过程。在语言学习过程中不能够用自己的观点来分析问题、研究问题、质疑、检验、推理、整合、辨别及实现布鲁姆认知层级理论中的记忆、理解、应用、分析、评价、创造过程，就不能将有效的知识转化为实际的能力。

1. 教学模式

长期形成的外语教学模式并没有突出学生思辨能力的培养，教师将教学的重点放在语言点的讲解和语言技能提高上，不能完全重视学生的个体需求和个性发挥，从而忽略了培养学生独立思考、分析、判断、创新探索的能力。

2. 课程设置

复合型外语专业学生的培养方案是基于课程设置为基础的，三、四年级阶段专业课课时不足，同时学生的语言水平有限，会造成思辨能力发展空间的空缺。教师在教学过程中更多注重输入阶段的给予，忽视了学生输出思维能力的训练和培养。课程设置上，语言技能课程与知识性课程比例不相协调，不能充分发展学生的思辨能力。

3. 教师因素

教师在教学过程中更注重对教学内容、语言本身的任务性传授，忽视了积极主动地引导学生创新性思维的培养，同时，又过于拘泥于教材内容，难以激活学生的创造性思维和学习思路，抑制了学生对知识产生思索的空间。即使教师设计的教学内容有助于提高学生的思维水平，但有时候又是浅尝辄止，不能真正提高学生的思辨能力。

4. 教材因素

符合提高学生思辨能力要求的教材为数不多，有些教材脱离或超出了外语专业学生的认知水平，缺乏一定的提高思辨能力的内容。

5. 测试体系

目前，我国的复合型外语专业学习的专业过级率成为一些院校的硬杠杠，这在一定程度上弱化了专业学习思维、思辨能力的养成。而且，教师与学生的应试倾向很明显，更多地注重对语言基本技能的掌握，如听、说、读、写、译等，固化了以语言为中心的教学模式，阻碍了学生其他素质的培养和塑造，削弱了思辨能力的发展[①]。

6. 学习方式

外语专业学生的学习方式多以记忆、模仿为主，语言的学习又以大量的练习为主要环节，这样不利于训练学生的分析、判断、推理、思辨能力的养成。

三、创新外语人才培养视域下多维思辨能力培养模式构建

复合型外语专业教学中，创新人才培养模式，把提高学生思辨能力作为教学模式改革、课程设置优化、学习方式改进、教师教学理念创新、测试体系完善的目标，渗透到教学环节的各个层面，努力构建一个以创新、改革教学方法为指导、以培养情感为导向、以构建外语教学的跨学科视角为依托、以课程设置的思辨性为载体、以"自下而上"的自主选择性培养为模式、以语言技能训练为核心、以形成性测试为检验标准的全方位、多维度的复合型外语人才培养模式的创新体系。

---

① 任文. 新时代语境下翻译人才培养模式再探究：问题与出路 [J]. 当代外语研究，2018（6）：92-98.

（一）以创新、改革教学方法为指导

学生思辨能力薄弱与教师的教学方法有很大关系，这就需要对教学方法进行创新、改革。语言教学固然具体、琐碎，但背后承载着深厚的文化内涵，能够启发学生以不同的视角进行思考、分析、比较、推理、判断，在一定程度上能够提高思辨创新能力。因此，教师应改变课堂讲授知识点、理解文章内容的教学模式，将启发智慧、激发思维、设计问题式转换环节的教学作为载体，以提高学生的语言输出和语言创造能力、思维能力。

（二）以培养情感为导向

培养学生个体的情感导向有利于思辨能力的形成和发展，引发学生的兴趣，诱导学生朝着记忆、理解、运用、分析、评价、创造、好奇、自信、获取、接纳、灵活的认知和情感维度发展。思辨能力的培养，首先要以情感培养为首要任务，激活学生的思维潜能，引发兴趣，培养学生创造性思维能力，这一点非常重要。

（三）以构建外语教学的跨学科视角为依托

跨学科外语教学以"语言+专业学科知识的获得"作为人才培养的着眼点，而思辨能力培养强调学科内容学习与语言学习的融会贯通，使学生在学科内容为思维主体结构中提高自我的评判性思维能力和语言水平。外语教育的跨学科性在于使学生在外语工具的有限选择中进行自我认知和潜能的塑造，以个性化思维进行学习意识构建、修正、改进自我的认知图式，从而形成良好的思维结构。将学科知识渗透于语言之中，能够使学生在记忆、储存、消化、吸收的过程中，对所学知识进行前后贯通、分析、综合、评价、整理，并形成自己的观点，进而掌握评判性思维技能，提高思辨思维能力。

（四）以课程设置的思辨性为载体

复合型外语课程设置改革应将思辨能力培养纳入课程设置之中。培养学生理性思考和独立思考离不开课程设置的专业知识课程比例，其中包括人文社科知识课程，即用英语开展通识课程教育。调整教学内容和改革教学方法，缩减技能课程学时与专业课程设置的比例，是实现批判性思辨能力的改革目标。缩减技能课程学时是因为外语专业技能课程的教学内容过于浅显，无法对学生的现有思维能力形成挑战，从而激发他们的思维潜能；英语专业技能课程的训练方法往往与批判性思维能力所要求的素质南辕北辙。外语专业的技能课程由原来占总课时的三分之二压缩到总课时的二分之一，外语专业完全有可能在巩固和加强听、说、读、写、译等基本功的同时，改革教学方法，着眼于培养学生的创新精神和创造能力，如将学生写、教师改的注重语言准确性的写作课程教学方法调整为教师重点评价学生在学习过程中付出的努力和获取知识的渠道，调整写作认知习惯，培养学生自主学习的能动性。

（五）以"自下而上"的自主选择性培养为模式

通过学生自己设计的需求基础上的学习状态并充分得到教师与教学管理机构的认可，学生很容易接受，并能够在此基础上获得自我教育。因为学生自己得来的任何一项知识，自己解决的任何一个问题，都是他自己通过复杂的心智和意志活动所得，所以是永远归他所有的。"自下而上"的自我选择为学生开发个性化思维、进行科学的引导指明了方向，为培养学生的思辨创新能力提供了一种强有力的支撑。"自下而上"的自我选择能力培养是学生由自我认识上升为自我改进的学习渐进过程的体现，是学习过程与思维过程的有机融合，是一种自主学习能力的提高，有助于学生个体形成自我学习主体意识，引导学生形成积极的情感思维意识从而充分进行独立的思考。在自主学习意识潜能动力推动下，学生从内心深处根据自己的价值标准和价值取向进行有意义的学习和判断，形成自我解决问题的途径与方案，就是"自下而上"的自我选择能力，其优点在于学生能够独立地确定自我学习的目的与学习内容和方法，提高学生发散性思维，进行全方位多角度的思考，有助于思辨能力的发展和形成[1]。

（六）以语言技能训练为核心

语言技能训练是培养学生思维思辨能力的重要内容，在外语专业教学过程中教师应多采用启发式、辩论式、活跃式的授课方式，激励学生进行自主思考，主动产生引发推理性、分析性、综合性的思维活动。以演讲课程为例：课堂强调综合运用语言和各种知识的能力，其中思辨能力的培养体现在演讲话题的选择、演讲内容、演讲内容的问答和讨论等方面。话题的选择应注重具有正反观点的社会热点问题，演讲内容应注重训练和发展学生的思辨能力，要让学生在整理、分析、推敲、解读的基础上建构自己的观点，

---

[1] 任萍. 新文科语境下复合型外语人才培养研究[J]. 浙江工业大学学报（社会科学版）. 2022, 21（1）：87-92.

同时要考虑从不同角度、不同层次上进行推理、再创造，以使学生形成清晰、严密、逻辑性强的思路，从而训练思辨能力。

（七）以形成性测试为检验标准

外语专业通常以学期末的总结性评价作为检验教学效果的一个重要手段，但对于教学过程不能做出恰当的评价。形成性评价是对学生参与性和思辨能力做出的评价，它能够引导学生在平时的学习过程中主动参与课堂讨论、学习思维活动，及时提供学生的学习反馈，从而做出教学决策，提高学生的思维思辨能力。在对学生进行形成性评价的过程中，可采取设定预期达到目标实现的能力培养，针对教学过程中学生的实际掌握情况寻找差距，进而引导学生通过制定相关性、逻辑性、灵活性和深刻性标准提高学生的分析能力、推理能力、辨别能力和解决问题的能力。整个学习过程要求学生全员参与，在教师进行教学跟踪的背景下，学生进行参与式、主动式的自评和互评，不断加强学生沟通交流形成相互促进的互动模式，弥补相互之间不同的思维方式和思辨需求。同时，教师应及时发现并了解学生在思维过程中出现的思维特点、思维状况与思维困惑，及时调整教学方法，促进学生思辨能力的发展。整个学期的评价不仅要在期末的终结性评价中体现，更是在评价的整个过程得以实现，通过教师、学生、学生之间等方面的相互促进实现思辨创新能力的发展和提高。

外语专业学生的思辨创新能力是目前外语教育领域需要引起重视和加强改进的，它不仅是外语专业学生实现高质量人才培养的有效载体也是使学生受益无穷的智力资源。思辨能力是一种受益终身又是进行理性思维的基础，也是高校素质教育的本质所在，提高教育教学质量离不开学生思辨能力的培养。建立在教师与学生共同体验式反思、分析、判断基础上的思辨能力培养是一项长期而又应该努力探索的工作。

第二节 复合型外语人才思辨能力培养研究

《国家中长期教育改革和发展规划纲要（2010-2020年）》明确提出，创新人才培养，要注重学思结合。倡导启发式、探究式、讨论式、参与式教学，激发学生的好奇心，培养学生的兴趣爱好，营造独立思考、自由探索的良好环境。独立思考、自由探索就是要注重培养学生获取知识的能力、创新能力和思辨能力。具有核心竞争力的思辨能力培养在人才培养过程中起着重要作用，思辨的缺席直接影响人的创造力、研究能力和解决问题的能力，直接影响综合素质发展，影响人的素质。思辨能力或称评判性思维能力，是指个人为了决定某物的真实价值，运用恰当的评价标准进行有意识的思考，最终做出有理有据的判断的能力。思辨能力是一种心理特征，是实现学习活动的心理条件，思辨载体建立在各项学习活动之上，形成语言技能教学与思维能力的融合统一。对于外语专业而言，外语专业本科教学改革就是要实现外语技能课程与评判性思维能力培养的有机结合。培养外语专业学生的思辨能力，已成为当前外语界的基本共识。

一、思辨能力的国内外研究现状

（一）思辨能力的界定与测量

在思辨能力的界定方面，比较有影响的思维能力框架有美国"特尔斐"项目组提出的双维结构思辨能力模型、理查德·保罗的三元结构思辨能力模型、林崇德的三棱结构思辨能力模型和文秋芳的层级结构思辨能力模型，这四类模型从内涵和外延角度对思辨能力进行了界定。双维结构思辨能力模型将思维能力界定为认知能力与情感特质两个维度；三元结构思辨能力模型的基本特征是八个思维元素、标准和智力特征；三棱结构思辨能力模型包括六种思维因素，分别是思维目的、过程、材料、自我监控、品质及认知与非认知因素；有学者在借鉴上述三种模型的基础上提出层级结构思辨能力模型，将思辨能力置于上下层关系的元思辨能力和认知相关技能的思辨能力之中。在思辨能力的测量和分析上，国内外学者开发的量具包括加利福尼亚思辨技能量表、剑桥思维能力测试、加利福尼亚思辨倾向问卷、沃森·格莱泽批评性思维评价、康奈尔批判性思维测试、国际思维测试中心的批判性思维短文测试和我国学者设计的外语类大学生思辨能力量具等。这些量具仍在不断地调整和完善，但其效度、信度和可操作性、可接受性等方面都在思辨能力界定的范围之内[①]。

（二）高等教育领域思辨能力培养的研究途径

在思辨能力培养上，国内学者王建卿通过课程教学理念改革提升学生的思辨能力；潘红从教学理念、课程设置、课堂教学、考试、作业批改方式和第二课堂等进行思辨能力培养；袁平华通过实证研究，以学科内容为依托的语言教学模式来提高学生评判性思维能力；文秋芳、黄源深等从经验的角度反思了我国英语专业学生"思辨缺席"的问题，并提出了思辨能力培养的一些建议；李莉文认为压缩技能课的课时比例，调整教学内容和改革教学方法，是实现评判性思维能力人才培养的核心目标；任文以英语演讲课为例将思辨能力培养纳入外语专业教育过程中。关于思辨能力的培养研究，国外不少专家从不同角度探讨不同学科所需的思辨能力，这些学科涉及生物学、医学、护理学等。

二、思辨能力培养：针对复合型外语教育的一个有效答案

依据布鲁姆认知分层理论，思辨能力培养对于外语教育是一项长期而复杂的工程。从外语学习的特点来说，学生需要投入大量的时间和精力对外语知识进行反复的记忆、理解、模仿和训练，巩固而知新到对外语的自然运用是一个长期的过程。从思维层面看，外语学习多是机械式模仿，被动接受多于积极的、批判性的思维，缺乏对问题的分析、综合、判断、推理、思考的能力。而当形成外语学习思维的时候又显现出另一种困境，即表述思想时缺乏见解，写作分析时逻辑混乱，演讲辩论中说理能力欠缺等。这些现象反映出外语专业学生在综合分析、思辨意识、推理判断、创新能力等方面的不足和思辨缺席。基于对布鲁姆认知分层理论的分析，笔者认为针对外语专业学生的思辨能力培养是提高外语教学质量的助推器和方向标。

（一）培养学生思辨能力是中国外语教育的核心目标

《国家中长期教育改革和发展规划纲要（2010-2020年）》规定：坚持以人为本，着力提高学生勇于探索的创新精神和善于解决问题的实践能力。外语教育不仅要培养学生扎实的语言技能，更重要的是培养其具有"创新精神"和"实践能力"，而这恰恰就是思辨能力的核心内涵，思辨能力是创新精神和实践能力的前提。优化外语知识结构，提高学生的主动学习能力、

[①] 王寰. 我国复合型外语人才培养改革的政策演进研究[D]. 上海：上海外国语大学. 2021.

动手能力、实践能力和创新能力，而这些能力均要建立在思辨能力培养之上，使学生成为分析思考者和大脑行动者，成为语言自由表达的复合型、跨学科型外语人才。

（二）思辨能力是外语专业学生的必备能力

外语教学中的听、说、读、写、译等能力的培养过程，是培养学习者形成扎实的语言技能的过程，而思辨能力的培养作为必备技能是获取这些知识的前提，没有学生思辨能力参与的学习过程只能是被动地接收、存储信息的过程。在外语教学中学生应在记忆、理解、运用、分析的基础上发现问题、分析问题、解决问题，再进行评价、创造，培养思辨能力。思辨是学生在接受性学习中获得质疑、假设、推理、检验、考量、评价、创造等过程的输出程序，是学生大脑综合思维判断之后将知识变为可用的自我理解、消化、转换的主动过程。

（三）思辨能力是自我"迁移"能力的再塑造

思辨能力和创新精神要求外语专业人才在记忆、理解、运用语言的基础上拓展语言能力，掌握基础语言技能，具有良好的人文通识教育素养与系统的外语专业知识，广泛的文化视野、健全的人格与创造能力、判断能力、沟通能力、独立思考能力和观察能力。高等教育给学生的最宝贵的财富是"能力"的获得，主要是可迁移能力。可迁移能力指学生除掌握所学的专业知识外的各种能力。美国佛蒙特大学就业服务中心把可迁移能力分为七类，分别是思辨能力、设计与计划能力、研究与调查能力、沟通能力、领导与组织能力、信息管理能力和人际交往能力等。其中，思辨能力是最重要的评价、创造能力，是接受高等教育者塑造自我可"迁移"能力的核心目标。

三、在复合型外语专业技能课程中培养思辨能力的制约因素

影响、制约外语专业学生的思辨能力的因素包括社会、文化、专业课程设置、教学模式、学生个体、素质培养等内容，这种制约日益引起外语教育界的关注和重视。黄源深教授于1998年发表的《思辨缺席》一文引起了外语界的关注，经过十几年的改革发展，越来越多的专家学者对外语人才的思辨能力产生担忧，学者呼吁把思辨能力培养作为外语专业重要的培养目标之一。同时，三个制约因素也引起了学者的重视：一是外语专业通识教育中的人文素质教育比例较小，阻碍了学生的本真思维意识的养成；二是外语专业一直将技能课程教学与训练放在首要位置，在一定程度上抹杀了学生的思维创新能力的开发；三是外语专业学生在大四考研专业选择上，纷纷转向法律、经济、历史等学科，这或许是因为学生对于外语专业

未来职业发展的担忧或是由于受相关学科专业内容的知识广度和可接受性因素的影响。三者既是相互关联又是相互独立的，在外语技能课程学习中，由于课程设置、教学方法和教学资源配置等方面的不足，学生难以吸收、掌握人文素质教育的相关内容，思维薄弱并导致了思辨能力发展的不足[①]。

在布鲁姆认知分层理论———记忆、理解、应用、分析、评价、创造六个过程中，外语专业技能课程涵盖了记忆、理解、应用三个过程，包括听、说、读、写、译的训练和输入环节，教学内容是直接的模仿操练，多以日常相关活动内容为主，加以有限的语言输出，很难对现有的学生思维能力形成挑战，而分析、评价、创造过程在外语专业技能课程中显得孤立又缺乏针对性。由于外语专业的技能课程训练更多关注的是语言的交际功能，忽视了对语言认知功能的训练，因此学生认知能力的缺乏，压制了学生的思辨能力的发展。外语技能课程学习更多依赖于背诵、模仿、复述、训练、记忆，复杂性的富于挑战性的思辨能力得不到发展，如精读课与听力课的练习环绕于寻找标准答案、写作课追求的是语言层面的准确和流畅等，外语专业的技能课程教学往往造成了学生思维创新能力培养的桎梏，学生的分析问题、解决问题的独立思考能力、创造能力难以得到发展，影响了学生批判性思维特质的形成。

四、革新复合型外语专业技能课程，提高思辨能力培养效果

复合型外语专业教学革新的主要任务应是打破外语技能课程与思辨能力培养之间的矛盾，解开课程与思维创新的枷锁。应依据布鲁姆认知分层理论，探索培养学生掌握扎实的外语基本功，实现外语专业技能课程与思辨能力培养的有机融合，将记忆、理解、运用、分析、评价、创造能力体现在语言技能教学过程之中，让思辨能力贯穿于外语专业教学的整个过程。

（一）适当调整外语专业技能课程设置

外语专业技能课程中的听、说、译的课时占技能课程总学时的比例还不到三分之一，其中口译技能课程的学时更是非常有限。笔者认为这样的表达性技能培养应当加强，增加口译课程的记忆时效性。对于外语技能课程训练可以适当与专业课程和相关专业课程融合，并将知识课程融于人文通识课程之中，进行跨学科的"语言＋专业知识"的外语教学，将其他学科知识以语言的教学形式传授给学生，使学生易于理解学科知识并在语言学习中掌握相关专

---

① 王乐，赵沛.21世纪以来外语人才培养国内研究现状及议题展望[J].外语教学.2021，42（3）：58-63.

业学科知识。

(二) 改革外语技能课程的教学方法

应把思辨能力训练作为核心教育目标纳入语言技能课程的教学大纲之中。明确依据不同课程、不同课型提高学生的思辨能力方面的具体教学任务与方法，设计不同思辨技能的训练层次，从不同的角度四年一贯地开展对思辨能力培养的系统训练。

教师应以巧妙的构思、启发式的设疑、辩驳式的提问、案例式的教学、辩论研讨等方法改进教学方式，提高学生对语言的运用和分析能力。例如，针对泛读课程教学，可采用讨论的教学形式，要求学生在事先阅读的基础上在课上逐个进行发言陈述，回答同学的提问，并对文章的主题进行讨论和辩论。采用案例教学模式是对案例情景与提出的问题的理解、讨论与判断和实施方案的思辨过程进行精彩设计，抓住学生的眼球，使之产生求知欲。例如，翻译课程教学，要求学生对案例的词、句、语篇的翻译策略与文本进行对比，然后对不同文本的翻译亮点进行学生之间的对比分析、处理技巧选择上的比较衡量，激发学生对语言形式的注意程度，寻找选择用词之间的差距，促进学生对语言的反思思考能力。

(三) 改进语言技能课程的教学内容

外语技能课程的关于常识性话题的教学内容是以语言提高为基础的，建立起挑战性思辨能力培养的目标，使学生成为"教学文本解码者和分析者"。将思辨能力培养贯穿于教学改革、自主学习之中，可以及时发现、分析并解决在技能课堂上遇到的问题。针对听力课程教学而言，应着眼于思辨能力的培养，让学生尽早收听人文社会科学等领域的内容，熟悉不同学科领域的基本知识，听力材料的选取最好引入西方国家的政治、经济、文化、科技等内容，为高级阶段的学术听力奠定基础。精读教材的选文应注重知识逻辑，在单元与单元之间的衔接上，要注重课堂教学思维空间的保留，引导学生在思索、实践和创新的过程中反思。教师在课堂上要重在精心设计，引导学生思索、记忆、求知、分析、理解、批判、评价和创造，将思辨能力培养贯穿于学生学习的整个过程中。

(四) 外语技能课程与课外实践教学有机结合

在引导、启发、理解、思维、总结的基础上，外语技能课程的课堂教学应为学生留有足够的思辨空间，同时，教师要引导学生设计课外实践教学活动，在实践中提出批判性思维探索的总体要求和目标，要将思维能力、创新能力、分析能力和独立思考能力体现在教学实践中。

让学生在实践中巩固课堂所学内容，通过强调学生学习过程中的反思性、互动性与体验性的合作学习来促进语言能力、理解能力、沟通能力、思维能力、创造能力的同步发展。

五、变技能课程学习为自主选择学习

技能课程教学的最终目的是让学生拓展思辨创新能力，在外语习得中获得知识，发挥学生的主观能动性，激发学生认识问题、解决问题的意识。对各种问题提出自己的评价和创新性观点，能够使学生自主挖掘知识点，因为外语自主学习能力与外语学习效果具有相关性，它能够使学生更好地进行批判性思维活动，寻找解决问题、评价问题的方法。思辨能力是复合型外语创新人才必备的素质，是国家对富有创新意识的复合型外语人才的要求，改变外语专业学生的思辨缺席症，提高学生的思辨能力要经过长时期的努力和探索。依据布鲁姆认知分层理论，将记忆、理解、应用、分析、评价、创造六个过程协调统一地应用于语言技能课程教学之中，才能发展学生的思辨能力。

第三节 基于认知分层理论的外语思辨能力研究

目前，外语教育界关注的焦点问题是学生的批判性思辨能力——外语教学过于注重训练学生的听说读写译等语言技能，忽视了批判性独立思考问题的能力，使得学生缺乏深邃的思想力和系统的知识结构。外语教学应创新人才培养模式，注重学思结合，激发学生的好奇心，培养学生的兴趣爱好，营造独立思考、自由探索的良好环境，其中涉及学生思辨能力的培养，可见，发展学生的批判性思辨能力不仅仅是外语专业面临的现实问题，也是国家外语教育长期发展的战略性任务。

思辨能力或称评判性思维能力，是指个人为了决定某物的真实价值，运用恰当的评价标准进行有意识的思考，最终做出有理据的判断能力（Paul&Elder）。

一、复合型外语专业教学与思辨能力培养

高等教育给学生的宝贵财富是"能力"的获得，它不限于课堂与书本知识的掌握而是体现在思辨能力的获取，思辨能力培养应该成为高等教育全部教学活动的核心目标。外语专业

教学是以语言研究为对象的学科，对于学科本身来说较为抽象，语言活动本身承载着交际工具功能，更体现着思维工具的特点，融为一体的语言活动与思维活动纵横交错有助于提高学生的分析判断能力与思辨创新能力[①]。

（一）外语专业教学融入思辨能力培养的重要性

优秀的复合型外语人才的重要素质体现在最具价值的思辨能力培养上，它既是外语教育的核心内涵又是具有创新精神和思辨能力外语人才培养的基本要素。按照布鲁姆和安德森等人的类级模型，创造能力是思辨能力的最高层级，是各种思辨认知技能综合运用的结果。

1. 思辨能力是获取知识的必备能力

外语专业人才培养首先要做的是教学必须转型，教学如果没有思辨能力参与，那么学习过程就是被动地、缺乏思索地接收信息的过程。将信息知识转化成有效储备知识需要培养学生思辨能力，只有学生主动地对接收的外部信息进行合理的评判、思索、综合、辨别之后，才能在头脑中将其变为有用的可迁移的知识。

2. 思辨能力是智力水平的提升渠道

思辨能力培养的主要目标在于激发学生主动对教学目标与资源进行合理的判断、分析、描述、综合、检验、重组之后，将知识在头脑中通过自我的调整、总结、分析、记忆、思考、观察和想象进行梳理、解释形成感知能力，进而储存起来成为有用的储备能力。根据林崇德教授的观点，智力由感知、观察、思维、记忆、言语、想象和操作技能组成，但上述智力成分并不处于同等重要的地位，其中思维是智力的重要核心成分———思维品质主要包括灵活性、深刻性、独创性、敏捷性、批判性五个方面，决定着思维乃至智力的个体差异。批判性思维作为思辨能力的核心内容是学生智力水平提升的有效渠道。

3. 思辨能力是毕业生事业"后劲"长远发展的终极目标

复合型外语专业毕业生的各种获得性能力中最具有价值的能力是"可迁移能力"，指学生从高等教育中带走的能力，其中包括思辨能力、沟通能力和人际交往能力等。思辨能力是其中最重要的，而这又是外语专业的软肋，造成了外语专业毕业生未来事业发展中的"后劲"不足，相对于其他专业毕业生逊色。

---

① 袁福，高长玉，杨静. 学科交叉融合视角下外语复合型人才培养模式及路径研究[J]. 现代职业教育，2023（2）：89-92.

4.思辨能力是促进逻辑思维能力形成的核心载体

复合型外语专业学生对语言现象进行系统的分析、推理、判断，将语言学习活动与思维活动融为一体的思辨能力培养是提高学生思维水平的关键渠道。提升语言水平有助于思维能力的再创造，而思维的不断拓展又促进了语言水平的提高。语言思维能力形成的核心在于语言学习效率与思辨能力之间产生的互补性和依赖性，也就是说语言的逻辑思维方式决定着思辨能力的提升，同时与学生的思考、创新、发现、分析、创造能力一同构成外语教学的核心。

（二）影响复合型外语专业学生思辨能力的外部因素

外语专业学生思辨能力薄弱值得外语教师进行反思研究，人才的培养目标、培养模式、课程设置、教学模式、学习方式、教材、评价标准、教师、测试体系等因素是影响学生思辨能力的外部因素。

1.培养目标因素

外语教育的培养目标是让学生学会思考，在思考中锤炼思维、注重实践、开拓创新、学会知识、提高素养，提高学生的学习能力、认知能力、实践能力和创新能力。

2.课程体系因素

课程设置与教学以接受性技能训练为主，语言技能课程多于专业知识课程，且偏重输入轻输出的教育观，同时，高年级阶段专业课时少，加上学生语言水平的限制，一定程度上忽略了学生思维能力的发展，抑制了思辨能力的提升。

3.教学方法因素

外语教师本身的思辨能力体现在外语教学中，教师教学过程如果不重视学生思辨能力的启发与引导，只是将教学的重点放在语言点的讲解和语言技能的训练上，很少能够开展思辨性学习能力的辨别和开拓，就容易忽略学生的个性和发展需求，抑制了学生独立思考的分析判断能力。目前，教师在教学中更多侧重了对语言的背诵、重复、模仿、记忆等机械的脑力活动的参与，很大程度上轻视、忽略了培养学生的思维能力与辨别判断能力。典型的例子是 PPT 教学课件的播放，学生获得的是新颖的教学模式，但是缩减了学生提出问题、思考问题、批判问题的空间[①]。

---

① 黄立群.高职－本科衔接视角下皮革产业外语复合型人才培养研究[J].中国皮革，2022，51（3）：30-34.

4. 教材因素

外语学生的思辨能力培养与教材密切相关，只注重语言技能的教材无法满足学生对知识的渴求，也限制了学生思维活动的开展。现行的外语教材多与日常生活相关，过度强调在语言技能、语言知识、学习策略等方面培养学生的语言综合应用能力，一些复杂的话题也缺乏促进思维的创造性思辨。将语言与思维能力培养结合起来，同时使教学内容灵活地编入教材之中，才能激发学生的潜在能力。

5. 学习方式因素

外语学生在教师技能训练教学模式下，主要的学习习得方式是以模仿、记忆、理解等内容为主，在固有的语言学习中缺乏分析、推理、判断、思考的核心思辨能力训练，学生往往过多关注实用主义的考级证书上，淡化了学习中对外语专业的思辨创新能力的提升。

6. 教师因素

没有思辨精神的外语教师无法引导学生向着思考、创新、求变的目标迈进，教学中过分注重知识的灌输，对学生提出的质疑不会主动引导，拘泥于教材本身，抑制了学生思维方式的拓展。教师设计的教学任务对学生思维水平提升要求有时候较低，使学生不能够充分发挥自己的主观能动性，学习中缺乏能动思辨意识。

二、将思辨能力的培养纳入外语专业教学过程———以写作课、语言学课、英语演讲课为例

针对思辨能力培养的外语专业教学改革应该是全方位的，首先应将思辨能力教学融入教学大纲之中。教师应根据所教课程类别的具体特点，从不同角度、不同内容和不同层次设计适当的教育教学活动，有针对性地训练思辨技能。

（一）写作课思辨能力培养

写作是培养学生思辨能力的最有效的课程之一。在教学过程中，教师应结合教学目标、教学思路、教学方法等来培养学生的思辨能力。要想将语言能力与思辨能力有机结合在一起，教师怎样激发学生的兴趣很关键，更与教师的写作命题有关，教师可提出很有挑战性的问题，让学生思考，激发其开阔的思维，并让其通过写作的方式表达出来，进而提出自己的观点并有理有据地论证这些观点，这能够提高学生的思辨能力。

1.思辨与写作话题的选择

教师的命题视野和高度决定了学生写作思辨的参与度,促进学生提出有创意的思想观点。有效的写作题目具有一定的思辨能力培养意义,可以开发学生已有的知识,促进学生创作的思维,同时又能挑战学生的认知能力。

2.思辨与写作材料

形成判断的写作过程对于写作材料应当选取能够促进学生深化思考的素材,教师应有选择地将写作材料引入学生写作的实践中,让学生通过写作形式分析已获信息,表达开放性的思索空间,分析写作内容并把思考信息储存到自己的头脑知识库形成独立的判断能力。教学中,鼓励学生对写作材料进行讨论、质疑、反思和评价,交流不同的思想观点,在质疑中提升思辨能力并主动构建写作思路的逻辑关系。

3.培养学生写作过程的评价能力

写作过程中学生的自我评价是建立在学生对写作过程与写作思维进行自我反思的基础之上的,通过自我评价对写作过程中形成的分析、思考、判断等观点和思路形成自我认知写作过程的判断标准。教师的评价可以建立在学生相互评价基础之上,让每个学生从评价的过程中获得思考的空间,开阔写作思路,提高自我分析、逻辑分析、判断和推理的能力。教师的评价须强调学生的分析、阐释、推理、评论过程,以提高学生的批判性评价能力。

(二)语言学课程思辨能力培养

语言学课程教学可以从培养学生跨学科意识和从哲学宏观视角提高学生的思辨能力。

1.培养学生跨学科意识

外语专业教学思辨能力培养不仅从语言学科本身来考量,还要从"语言+专业教学"的跨学科性角度来审视。开拓思维发展的语言学教学需从语言学科发展的结构、意义等社会学属性和特点阐释与其他学科交叉的跨学科特点,教学中教师应该把语言学的跨学科属性融入教学中,开发学生的其他专业学科的思维思路,将其融入语言教学框架之下。引导学生发现不同学科与语言学习内容之间的联系,从而提高学生对语言学习的敏感度和适应力。

2.哲学宏观视角提高学生的思辨能力

语言学教学领域的思辨能力获得离不开哲学宏观视角的思考。对于语言学中哲学相关问题的分析、衡量与思考，能够提高学生的思辨能力，教师在教学中对于"语言的定义""语言的属性""语言的研究"等概念涉及哲学的基本问题，如关于历时语言学和共时语言学的讨论，可以激励学生运用思辨、批判、推理来认识语言与社会。

（三）外语演讲课思辨能力培养

思辨能力培养包括情感倾向和认知技能两个维度。布鲁姆的认知分层理论在外语演讲课教学中通过开发认知技能和思维水平来提升学生的思辨能力，主要是由于演讲课是与逻辑思维密切相关的语言表达活动，强调综合运用语言和各种知识的能力。

1. 演讲话题与内容的准备

教师应鼓励学生提出有意义、有挑战性的社会热点话题，避免重复老套的话题，让学生充满自信、大胆的情感倾向。各种话题的选择都是对思维能力提出揣摩、分析、比较、应用等创造性活动的参与，收集整理规范支持性观点内容的话题是提示、训练和发展思辨能力非常重要的中间环节。对整理的素材进行解读、分析、评价、判断性陈述、甄别，在思考分析的基础上进行建构、整理自己的观点、主张，进行逻辑推理并提出支持性的论断，从不同角度、不同层次上组织语言、阐释观点就是从较高层次上训练思辨能力。

2. 演讲发问

在演讲过程的思辨能力训练中，不断向自己发问的方式是丰富提高个体思维领悟，减少谬误逻辑的一种有效性演说的重要方式。教师可以给学生一个和话题密切相关的检查清单，让学生不断向自己提出，如观点是否正确、语言是否恰当等，形成良好的思维反馈习惯是提高思辨能力的基础。

3. 演讲讨论

在批评性思辨能力培养中教师应要求学生总结演讲内容信息、归纳要点、识别推理过程中的漏洞、判断观点的合理性和可信性。以赞同的视角还是以反对的视角分析各类观点，理由是什么？应引导学生以更具方向性和目的性的形式进行讨论，帮助学生发展思维活动能力，更多地在演讲过程中注意倾听和判断，提出有意义的问题，发表有见地的想法。

基于布鲁姆认知能力分层理论的外语专业学生思辨能力培养须将此作为教育教学的导向，全面推进培养目标、教学方法、师资发展等方面的改革，教师不断提高思辨能力培养意识，将思辨能力培养意识融入日常教学之中才能培养出语言过硬、素质出众的具有思辨能力的外语人才。外语专业毕业生与其他专业毕业生相比被认为是长期发展中"后劲不足",这主要的原因在于缺乏思辨能力,我们应尽快把思辨能力培养纳入外语专业教学过程之中,并贯穿于教育教学的始终,只有这样,学生解决问题的能力才会稳步提高,外语专业学生的思辨能力才会大幅度提升,最终人才培养才会获得生机与活力。

第四节 CDIO 教育理念的复合型外语人才跨文化交际能力培养

CDIO 作为国际先进的工程教育理念和模式之一,是西方社会价值观念、管理模式的产物。2005 年,我国高校开始引入 CDIO 教育模式,它是当今国际高等工程教育领域的一种教育创新模式和教学改革成果,也是高等教育的改革与发展的必然趋势。CDIO 由构思(conceive)、设计(design)、实现(implement)和运作(operate)的四个首字母组成,它以产品研发到产品运行的生命周期为有效运行载体,通过教学促进改革的方式来激发学生以实践的、主动的、不断运行的各门课程之间的有机联系形式进行学习,其教育理念关键在于 CDIO 倡导基于项目的教学方法。项目是学生能力培养的载体,不仅传授专业技术知识,还要培养学生实践能力,更为重要的是,能使学生的学习潜能得到极大的调动和开发。外语教育不仅培养学生的语言能力,还包括跨文化交际能力(简称 ICC)的培养。外语人才培养的最高目标是发展学生的学业能力、综合素质和思辨才能,这些在某种程度上体现为语言学习的跨文化交际能力,由此,笔者拟从 CDIO 教育理念的外语专业教学创新来探索外语专业学生跨文化交际能力。

一、CDIO 教育模式的中国化

中国学者对 CDIO 教育模式的研究主要从四个方面进行:专业建设、课程体系建设、课程教学改革和人才培养模式,并将理论教学和实践教学两个方面有机结合,为我国工程教育改革提供了实践与教学经验。在专业建设上,引入 CDIO 教育理念,以课程教学作为专业建设中心杠杆,从专业人才的培养目标与模式定位、校内外软硬件环境设施条件、专业课程体系优化设置、专业实践教学拓展等方面进行专业建设。在课程体系建设上，以 CDIO 教育理念为核心对专业课程进行教学目标、教学模式、教学方法、教学结构等内容的质量评价和考评，对课程设置的总体教学效果进行构思、设计、实现和运作（CDIO），培养学生的思辨创新素质、实践能力、团队协作精神来提升专业素养。在课程教学改革上，依据 CDIO 工程教育模式，在教学改革中对教学模式提出问题后，采用各种教学方法激发学生的学习主动性、参与性和实践性，强调 CDIO 教育理念的渗透与应用。在人才培养模式上，不同类别的高校依据自身实际进行归纳与总结，改革现有的人才培养模式，引入新的 CDIO 教育理念的多元化培养模式：包括汕头大学的以设计为宗旨，构建注重职业道德为导向的，又有诚信的兼具高尚职业素质的与 CDIO 模式能够有机结合的 EIP CDIO 培养模式。CIO-CDIO 培养模式是由学者张奇等提出的，工程人才培养在于既有较高的能力和素质又具备本专业之外的相关知识和技能，提出能够注重复合型的、兼具有创新型和开放型框架并与 CDIO 有机结合的 CIO-CDIO 培养结构模式。另一种 CEC-CDIO 培养模式是石家庄铁路职业技术学院依据学生的自身特点提出的，即注重建立校企合作学院，与企业联合并与 CDIO 理念有机结合的人才培养模式，强调人才培养以施工项目合作模式为载体，进行校企合作。课程设置上包括五个核心板块，分别为通识课程板块、技术技能板块、自然科学基础板块、职业技能板块和拓展技能板块等五类，实施"做中学"的教学原则。KSR-CDIO 培养模式是上海第二工业大学建立的培养知识型高技能创新人才的教育目标。结合 CDIO 教育模式，提出更高的知识水平（K）、更强的技术能力（S）、更大的社会责任（R）的 KSR-CDIO 工程教育模式，培养突出个人能力发展和实施团队协作精神的具有社会责任感和使命感的人才培养模式。大连东软信息学院人才培养的创新是实施 TOPCARES-CDIO 人才培养模式，由八个一级能力指标的英文首字母来组合构成 TOPCARES，即具有技术知识与推理能力，形成开放式思维与创新，成就个人职业能力，形成沟通表达与团队合作意识，树立正确的态度与习惯，具有强烈的责任感，形成正确的价值观，实践人才培养的构思、设计、实现和运行结构作为社会的贡献[①]。

二、跨文化交际能力研究

有学者指出，许多学者都承认"跨文化能力指与生活在不同文化背景下的人们进行有效的、恰当交往的沟通能力"。学界的观点是："跨文化能力需要具有合适的动机、足够的知识水平

[①] 宋洋."一带一路"视角下高职院校"跨界复合型"外语人才培养策略研究[J]. 南方职业教育学刊，2019，9（1）：12-16.

以及训练有素的行动行为。"有学者认为："跨文化交际能力指的是外来者和本国人在相互的交际交往中所具备的恰当合适的动机、知识和技能水平能力，这些要素是引向有效的双方相互关系的准则。"文秋芳教授对跨文化交际能力的研究用图表的形式表示为：交际能力与跨文化能力两者同时并列在跨文化交际能力之下，共同组成跨文化交际能力。又指出，交际能力包括语言能力、语用能力和变通能力三种能力；跨文化能力包括学习者对于文化差异的敏感性、对于文化差异的容忍性以及处理文化差异的灵活性。毕继万教授认为："跨文化交际能力是在进行跨文化交际环境过程中由非语言交际能力、语言交际能力、交际规则和语言规则相互转化的能力以及文化的适应能力组成的必备综合能力。"张红玲教授这样定义："将一定的文化获得信息和交际知识应用到实际跨文化环境中，并且在心理上不畏惧不恐惧，积极、热情、主动、愉快地接受挑战，对不同文化内容表现出欣赏、综合和包容的态度是跨文化交际能力。"杨盈和庄恩平学者的观点是："跨文化交际能力由全球意识系统、文化调适能力系统、交际实践能力系统和知识能力系统共同组成，它们之间的关系是密不可分、相互交织、相辅相成的，共同构成跨文化交际能力的框架。"学者对跨文化交际能力的研究归纳起来可以从认知、情感、知识、动机、行动等方面进行概述。在认知和知识学习层面，交际学习者不仅需要掌握一定的文化知识还要具备了解本国与其他国家的政治、地理、经济、文化、历史、习俗、风俗等各方面的知识。情感层面，交际学习者对文化的敏感性、包容性、接纳性要有深刻的认识和理解，才能真正建立起对不同民族文化的认知。动机层面，交际学习者对文化学习能力的出发点和落脚点要进行多样化理论与实践总结，建立基于个人心理模式的动机。行动方面，交际学习者的非语言能力、语言能力、人际交往能力、文化吸收同化能力、应变能力、跨文化适应能力等是行动的主体。从跨文化角度上看，知识、动机、行动构成了跨文化能力。

三、CDIO教育模式的跨文化交际能力在外语教学中的定位

依据CDIO教育模式，它的科学性、教育性和系统性是将其运用到外语教学跨文化交际能力培养的理论依据。CDIO与跨文化交际能力培养有着某些相对应的前提条件，CDIO教育的目标是培养工程方面的高技能人才，外语教育的目标是培养具有跨文化交际能力的国际化应用型人才。CDIO教育模式的人才培养从本科一年级至四年级，包含所有的课程教学和实践教学培养，包含12条标准要求，而跨文化交际能力同样贯穿于整个本科教育的四年阶段，完成要求的教学计划与教学目标，包含13个跨文化能力要素。CDIO并不仅限于工程教育模式，

它适合于各个专业教育教学，CDIO模式的引入需要顺应不同的专业要求设计适合于本专业发展的改革模式。跨文化交际能力的培养是在CDIO教育理念范围内的可行性教育理念，需要在一定的教学方法和方式上做一些调整，使其适应CDIO教学管理模式。外语教学基于CDIO倡导的教学模式方法，创新跨文化交际能力教学法，梳理外语教育的跨文化理念和具体的教学结构，将跨文化概念深深植入到日常的外语教学之中，有利于学习者对跨文化知识的了解和吸收。在跨文化交际能力培养教学环节上，笔者注意到往往缺乏整体的教育理念和教育分类模式，因此笔者借鉴CDIO提出了能力培养构思、教学设计、教学实施指导、教学实施过程、教学结果检验、教学运作等培养模式。在教育理念上，明确地从整体性和确切性上提出外语教育的跨文化交际能力培养的标准。在建立完善的跨文化教学课程体系基础上，做好保障CDIO培养模式的合理性与可行性是外语教学的跨文化交际能力培养的定位目标。

跨文化交际能力的获得是不可能一蹴而就的，它需要学习者在不同场合、时间及不可预见的知识而从事一定的活动，是进行文化交际终生所需从事的事业，它是不同文化的相互交流和碰撞的产物。就目前各高校的教学大纲设计来说，进行跨文化交际活动是2000年颁布的《高等学校英语专业教学大纲》的要求，高等学校外语教师要"注重培养跨文化交际能力，在专业课程的教学中要注重培养学生对文化差异的敏感性、宽容性以及处理文化差异的灵活性"。英语专业相关的文化课程应贯穿于整个大学四年，各门课程都需要从跨文化视角来培养学生的文化性和文化敏感性，让学生了解西方欧美等国家的风土人情、政治、历史、经济、地理、风俗、文化等各方面的知识。单从某一篇文章的教学上来说应该涉及文化意识介绍、文化知识补充、文化背景了解、文化对比学习等方面来进行跨文化交际意识培养，革新整个教学过程是从专业教学的角度对跨文化交际能力进行不同的视角培养。培养学生的跨文化意识与交际能力不仅需要进行教学内容改革，还需要对教学方式方法进行革新，教学设计上要体现出跨文化交际意识形成、跨文化交际能力提升和跨文化交际能力成长的策略。跨文化交际能力的培养还要考虑外语教师对异国文化的了解情况和接触外国文化过程中对异国文化吸收、同化、运用和交际的能力教育。应该说，跨文化交际能力的获得是学习者在不可被预见的知识海洋中不断学习的过程，一项长期而艰巨的任务，一项长期不断的终生的学习活动。

四、CDIO 教育理念的跨文化交际能力培养模式的探索路径

培养外语专业学生的跨文化交际能力是高等教育英语教学的重要目标，教师将文化作为事实性知识的传授方式，学生难于主动地接受跨文化交际能力，因此这种能力的获得在很大程度上取决于学生的自主学习、主观认识、自觉接受和亲身体验。基于 CDIO 教育理念，创新外语专业教学模式，笔者提出以教学愿景为依托培养跨文化交际能力的国际性人才为目标、构建过程性中西文化教学模式、创新文化课程教学体系优化人才培养结构、加强教学活动课外延伸方式、培养学生的跨文化自主学习能力等五个方面的创新教学的跨文化交际能力培养。以 CDIO 教育理念的教学模式创新为基础，以 CDIO 教育理念的教学行为框架为出发点，建构跨文化交际能力实施步骤来培养英语专业学生的跨文化交际能力。[1]

（一）以教学愿景为依托培养跨文化交际能力的国际性人才为目标

复合型外语专业教学过程是学习者直接接受和间接学习语言文化知识的载体，学习者获得各种交际实践会促使教师在教学过程中不断改进教学方式、方法。学生掌握扎实的英语语言基础是跨文化交际的基本工具，英语专业教学的历史使命应以教学愿景为依托

来培养学生的实践能力和跨文化的沟通能力。从教师角度来说，复合型外语人才培养更要以专业教学的国际化现实愿景为依托，培养具有跨文化交际能力的外语人才，能够从事管理、教学、科研、外事等各领域的国际性工作。

（二）构建过程性中西文化教学模式

跨文化交际能力在运用语言文化知识与异域文化之间的认知、情感、沟通交流、行为表现等方面的渐进性理解过程是跨文化交际能力提升的重要因素。学习者对本族语文化与目的语文化间的文化规约需要一个理解和掌握的过程，这就是学习者过程性的认知维度。学习者对不同文化的理解、接受和磨合的过程，需要主观意愿上有包容的认知态度。学习者对不同文化知识的使用，包括语言和非语言交际的能力，在行为上要在具体实践中进行不断地改进和调整，这是行为维度的跨文化积累。传统的文化知识教学更多关注异域文化，忽略原语文化；更多关注文化知识的传授，忽略文化交际中情感态度的调整，所以在跨文化教学中应有所创新。

---

[1] 周幼华. 多维视角下的高校复合型外语人才培养探讨[J]. 江苏高教，2011（3）：111–112.

在外语教学创新中，教师更应强调把文化作为动态性过程来实践，关注文化学习的过程发展，提供更多的动态开放式教学过程让学生进行探究。过程性文化教学由英国学者提出，认为在外语教学中，文化不应被当作静态的事实性知识来讲授，而应视为动态开放的过程供学生探究。中西文化教学以过程性教学为主要方式，能够提升学生的跨文化交际能力，在教学过程中，教师关注文化知识教学的同时应注重学生对知识的认知、态度情感、行动发展的过程发展。教师进行过程性中西文化教学时，会构成过程性文化教学链，包括描述中西文化；开展文化研究；撰写学习日志；反思中西文化等，这是中西方文化教学的最佳创新模式。

（三）创新文化课程教学体系优化人才培养结构

文化教学体系应不断创新，在创新中建立系统的教学方案设计。依据教学大纲和跨文化交际属性，课程教学应突出语言文化和语言实践两项内容来培养文化意识能力。在教学体系融合下进行跨文化交际培养需要各门课程形成一体化课程体系，各门课程从各自不同视角以不同的教学方式建构跨文化交际能力，教学上按照教学大纲构建的培养跨文化交际能力要求框架，实施教学方式的转变，教师共同努力培养跨文化交际能力。优化人才培养结构上，以学生的跨文化交际培养为主线，本科一、二年级阶段注重语言知识结构和语言文化课程组合，明确文化学习层次结构的完整性；进入三、四年级阶段完成不同课程结构间的相互渗透、融合、交叉，逐渐增强学生的跨文化意识，提升文化素养和文化理性思维能力。学生在四年的学习中应加强文化积累和文化沟通能力，达到跨文化交际能力人才培养的国际化水平。

（四）加强教学活动课外延伸方式

课堂教学活动是学生文化知识获得的重要途径，而课堂之外还应该加强学生的文化知识延伸学习。鼓励学生广泛阅读外语类期刊、杂志、报纸，以及一些名著读本、文学作品等来了解异域文化、风土人情。让学生在潜心阅读中了解不同民族的文化差异，培养学生的目的语文化交际交流能力。跨文化意识的培养可以通过引导学生丰富课外活动的形式进行，如戏剧表演、角色扮演、举办晚会、配音比赛等，这些有助于学生交际能力的发展，调动他们的灵活性、观察力、交际能力、表现力等。此外，可利用多媒体网络信息化教育资源，让学生快捷地了解西方文化的独特性、异域性、开放性等内容资源。

（五）培养学生的跨文化自主学习能力

自主学习又可称为自我指导学习，是学习者对自己的学习具有责任性，运用元认知策略知识来安排自己的学习任务，监控自己的学习效率，评估自己的学习成果，拓宽自己的学习结构。CDIO教育大纲中明确要求学生应该有较强的"求知欲和终身学习"的习惯，学习者学会自己管理时间和资源，这正是自主学习的要求所在。跨文化交际的学习策略可以使学习者有效地获取、使用网络信息来调节个人计划、监控和评估自我学习策略。对于跨文化学习，应让学生参与到课程中来，参与课程设计，建立良好的学习氛围，引导学生自主决策，建立独立行动机制，自由选择学习内容来增强学生的跨文化学习自主性。创设新的跨文化自主学习模式，建立协商式学习目标，签订学习者自主学习契约等便于形成独立的自主学习框架，营造跨文化学习语言环境。

CDIO 教育理念的外语专业教学创新是信息化时代跨文化交际能力培养的迫切需求。外语专业教学的创新是跨文化交际能力培养的基础，利用信息技术创新外语专业教学来加强中西方文化的沟通交流是跨文化交际能力培养的基石。基于 CDIO 教育理念的跨文化交际能力培养是外语专业教学的实践性、系统性、现实性、科学性的本质特征，跨文化交际能力的培养目标是构建一体化课程大纲体系，运用 CDIO 教育理念的教学方案，以跨文化交际能力的目标构思、运行模式为主线，创新专业教学模式来最大限度地实现跨文化交际能力的培养效果。CDIO 教育理念在外语教学中的跨文化交际的成功运用能够在一定程度上培养学生的跨文化意识与交际能力，从而更有效地提高外语教育的效率和质量。

第四章 跨文化交际视角下复合型外语翻译人才的培养

第一节 复合型外语翻译人才培养的基本原则

翻译教学是复合型外语翻译人才培养的重要途径之一。因此,为了保证翻译教学实施过程中的计划性、目的性、层次性,教师应该坚持一定的原则,在这些原则的指导下,翻译教学才能开展得更好、更有效。下面就对这些原则展开探讨。

一、普遍性原则

翻译行为本身属于语言行为的一种,而语言行为本身具有经验性特征,这就决定着翻译教学应该坚持普遍性。通过感觉对事物的经验进行把握,这种经验往往是纯粹的经验,是一种局部的、表面的经验,因此很难普遍地说明翻译行为与现象,也很难正确地指引翻译活动。但是,我们并不能将这种经验中的开拓性与典型性抹灭掉,而是应该运用一种科学的态度认真对待[1]。

翻译活动在普遍性原则的指导下能够产生新的经验,从而实现真正的调整与检验,并实现深层次的优化与修正。也就是说,教师在翻译教学中必须坚持普遍性原则,以便让学生对普遍原则的基本指导思想有清楚的了解,从而对翻译实践活动进行指导。

---

[1] 罗选民,梁燕华,叶萍."双新"背景下复合型外语人才培养的内涵、特色与路径———以广西大学新文科研究与改革实践项目为例[J].外语界,2023(1):18-23.

二、精讲多练原则

翻译教学中要坚持精讲多练原则，即包含两大层面：一是要求精讲，二是要求多练。众所周知，翻译教学属于技能教学中的一种，如果仅仅采用传统的方式来开展教学，即先进行讲解与灌输，后进行练习的方式，这样很难提升学生的翻译能力。因此，就当前的翻译教学而言，教师应该将讲授与练习二者相结合，并在实际的练习中，让学生归纳和总结翻译理论的相关知识点。例如，在进行翻译练习之前，教师可以给学生讲解一些相关技巧，然后再让学生不断练习。学生完成一阶段的练习之后，教师要对学生的练习进行仔细分析和批改，然后针对学生的练习进行讲评。需要注意的是，讲评并不仅仅是点评，是基于对原文的系统分析，对相关知识点进行整理，从而将其上升为理论。

三、实践性原则

在翻译学习中，实践性是其重要的特征之一，这就要求翻译教学也需要坚持实践性原则。在翻译教学中，教师需要为学生创造翻译练习的机会，如去一些正规的翻译公司实习，通过实践来考察自己的翻译能力，如果有所欠缺，那么就需要针对欠缺的层面进行弥补。同时，这种真正的实践训练也有助于调动学生的积极性，还能够为他们以后进入社会奠定基础。

四、实用性原则

在开展翻译教学时，教师需要与学生的实际情况联系起来，注重实用性。由于学生的翻译学习主要是为之后的工作准备的，这种与学生实际相结合的教学有助于调动学生的积极性，从而提升教学与学习的效果。

五、循序渐进原则

任何活动都需要坚持循序渐进原则，当然翻译教学也不例外，过分地急于求成显然不可取。在实际的翻译教学中，教师应该坚持从简单到复杂、从浅显到深刻的顺序，让学生逐步学习到翻译知识，并掌握扎实。

例如，在翻译教学的初期，教师应该将翻译的一些基础知识介绍给学生，进而对一些技巧和理论进行讲解。但是，如果教师反过来先讲解技巧与理论，就必然会让学生感觉到晦涩难懂，也让学生很难将知识运用到实践中。可见，翻译教学中坚持循序渐进原则必不可少，不仅可以提升学生的翻译学习兴趣与积极性，还能够调动学生的自信心，提升他们的翻译技巧与能力。

六、速度与质量结合原则

在翻译教学过程中，教师需要注意速度与质量的结合，既不能仅注重速度，而忽视译文的质量，也不能仅注重质量，而忽视速度。在翻译时，学生会更多地关注翻译的质量，害怕因为某字词的偏差影响翻译的效果。但是，这样对质量的关注必然会降低翻译速度。因此，在翻译时，除了要注重质量，还需要把握好速度，这样才能完成规定的任务。

要想提升学生的翻译速度，教师可以对学生开展限时训练，让学生在规定时间内完成任务，并随着学生速度的提升，不断增加难度。当然，学生除了在课堂上进行限时练习，还可以在课下进行，这样学生可以循序渐进地把握好翻译速度，在有限的时间内完成翻译作品[①]。高校在人才培养时还要注意以下几点。

（一）树立科学的教育理念

教育思想是指有关教学方法的思想。大学的教学质量是选择大学的重要指标之一。要提高人才培养质量，必须树立科学的教育观，以改革的科学观来促进人才培养质量的提高。必须确立"以人为本"的教育思想，注重人才培养的质量。通过教育活动来培养高素质的人才，培养社会主义事业的建设者和接班人，这是我国高校的本质功能，也是高校与其他社会组织不同的根本所在。基于此，大学的所有教学工作都要围绕着人才的培养展开。任何时候都不能脱离这一基本问题，必须反映出人才培养的特征。评价一所高校的办学水平，不应以其办学规模或办学规模为标准，而应以其办学水平为标准。评判一名教师是否称职，是否优秀，不能仅仅看其发表的论文有多少，也不能仅仅看其完成的研究课题有多少，而是要看其培养的人才的质量。同理，评价一个学校的实力，也不应以其暂时的大小为标准，而应以其发展为标准，以其对推动社会进步的贡献为标准。

---

① 王嘉伟，王灵玲，李宇红，等.2000—2020年我国复合型外语人才培养研究的可视化分析[J].山西青年，2022（5）：132-134.

要重视社会的发展对教育的需求，把社会评价作为衡量人才培养质量的标准，高校毕业生的素质教育既要符合人的发展要求，又要符合社会对人才的要求。对大学生的就业现状和人才供求情况应进行正确的把握和分析，并将其与学校的专业设置与课程安排进行有机的联系，从而使高校的人才培养与社会经济发展的契合度得到提升。贯彻"以生为本"的思想，以其为教育工作的主要追求，以学生的健康发展为学校人才培养工作的基本起点和终点，是大学教学工作的重点。大学教师要把学生放在第一位，把自己的情感投入人才的培养中去。坚持以"以人为本"的教学理念，做好"以人为本"的教学工作。学校领导要做到以德服人。"一切为了学生"也是每一所大学的一种永恒的精神追求。同时，应确立"以学生为中心"的理念，并将其融入教育与教学的质量评估中去。在具体执行中，要多倾听学生对教学的意见和建议，注重学生的反馈，切实落实，以学生的评价为改进教学、革新教学方法、提高教学质量的有力动力。

此外，要贯彻这一思想，还必须正确地处理好大学内部各种工作之间的关系，分清轻重缓急，同时还要正确地处理好大学自身发展与经济社会的关系，防止大学的基本功能被弱化。高等学校在迅速发展的同时，也暴露出一系列的问题，使其在公众心目中的形象受到了很大的影响，社会的信任度不断降低，对教育事业的发展产生了很大的影响。这些问题都是由多种因素引起的，但是，在涉及大学教育目标、教育任务等问题时，一定要严肃对待，树立明确的教育目标。明确的目标，就是要对高校进行准确的定位，经过不断的努力，明确要把学生培养成具有什么样的素质，或者是什么样的类型的人才。这与学校的专业设置、课程设置、学科建设等问题有关，也与建立学生综合素质的体系有关，比如大学生的心理素质、思想道德素质、实践能力、创新精神以及体现文化素养的人才培养问题有关。高等学校在制定人才培养目标时，要结合实际，正视人才培养中所存在的种种问题。受现实和历史因素的影响，我国普通高等学校在专业设置、教学场所、硬件设施、教师队伍等方面都存在着一定的不均衡。在制定目标的时候，高校要从自身的实际情况和可利用的资源出发，找到正确的方向，发挥自己的优势，将学科设置、课程设置、课程体系建设等工作做好，不能盲目地进行，也不能一味地追求快速发展。经济发展、社会分工等对人才的要求各不相同，但大学的办学条件、资源等都很有限，无法满足社会需要的各类人才的需要。而且，大学的人才培养是一项漫长而又繁重的工程，必须从多个层面来统筹谋划。在制定人才培养目标的过程中，不能因注重学生的智力发展，而忽略了德体美劳等各方面的素质。尽管各大学都有这样或那样的认识，但由于各方面的原因，在实施过程中并没有很好地掌握平衡。在具体的教育实践中，要使学生具有健全的人格，才能造就出符合国家、社会需求的合格人才。在"物欲至上"观念盛行的今天，大学应重视对大学生的生存能力的培养，营造有利于大学生成长的良好环境与氛围。

（二）依照法律规定进行教学管理

在狭义上，教育是一种由专业的教育机构所实施的有目标、有计划、有组织的教育，即教育者根据社会的需求和发展状况，按照学生的身体和心理的发展规律，在学生主动参与的基础上，对学生产生作用，把学生培养成社会需要的人才的一种社会实践活动。从特定的教育过程来看，教育者与受教育者的关系，既有积极的，也有消极的。教育成效的大小，除了受教育者自身的经历、层次、方法和手段影响，还与受教育者自身的社会生活经验和人生价值取向有关。不同的教育者，其所受教育的内容是不一样的，同一受教育者所受教育的方法也是不一样的。对于当代大学生来说，随着年龄的增长，受教育水平的提高，以及国内外大环境的冲击，其意识形态的多样性越来越明显。这些情况，为高校的教育工作提供了一定的发展机会，也给高校的教育工作带来了挑战。例如，有些学生强调以自我为中心，有些学生没有明确的学习目标，有些学生崇尚享乐主义，有些学生自我约束能力不强，有些学生只是一味地沉迷于网络游戏等。对此，学校应采取积极的措施，加强对其的教育与保护。以学生的认知发展规律为依据，在一定的环境中，学生的思想存在着与之相对应的封闭性，对于外界的事情和事物，特别是那些试图说服他们或者改变他们行为的做法，他们会本能地表现出一种抗拒和反感，一般情况下，他们会被迫接受。大学德育工作者在开展大学生德育工作时，不能一蹴而就，必须在不断实践中提高。教学工作要注意速度，要把握好时机，还要注意反复地培训、启发和诱导，逐步推进，促进学生树立正确的意识形态，朝着大学的人才培养目标迈进[①]。

　　搞好教育行政工作，是提高大学教育行政水平的关键环节。因为受到了社会、学校、家庭等一系列的客观条件的制约，现在大学里的大学生在学习目标、成才意识、学习态度、纪律意识、吃苦意识、生活自理能力等各方面都与以前的大学生有了较大的不同。从这一点可以看出，加强对他们的日常管理，纠正他们的不良行为，让他们学会怎样去学习、去生活，养成良好的行为习惯，是确保人才培养质量的重要一环。教育管理是一个管理者，以其为基础，对教育队伍进行组织和协调，将教育人力、财力、物力等资源的效果发挥到最大限度，将教育中的各种有利条件有效地运用起来，从而有效地完成教育管理目标的活动过程。学校管理工作旨在营造一个有利于学生学习、发展的良好氛围，保护学生权益，保证学校健康发展。学生工作不仅针对学生的日常生活，而且包括学生的文体活动、社会工作和社会实践活动。为了保证企业经营活动的顺利开展，需要遵守有关的法律和规定。依法管理既是科学管理的基础，也是法治社会中实行一切管理的必然要求，对大学生的管理也是这样。

　　落实依法治校的原则，一是要使高校学生治校的依据法律化。也就是说，学校的规章制度的制定要按照国家的有关法律、法规来进行，不能任意改变学生的职责和权利。除此之外，要注重按照现实社会情况的变化，对现有的教育管理制度进行整理和修订，并适时地将与社会发展不相适应的法律法规予以废止。二是管理者在进行管理的时候，要以已有的规章制度作为参考，保证管理工作有法可依，有序地进行，不能随意改变，也不能主观臆断。在现实生活中，在传统的师生关系中，部分老师常常自以为是，觉得自己的所作所为都是合情合理的，这就使得学校的管理工作难以进行，从而使学校的管理成效大打折扣。

（三）准确把握人才培养的关键点

　　要实现"以德树人"，必须正确掌握人才培养。在大学的教育过程中，必须始终把人才的培养放在第一位，把思想道德、科学精神、人文素养、实践能力贯穿于人才的每一个方面，着重培养学生为社会服务的使命感，不断探索的创新精神，以及及时解决问题的实际能力。首先要培养大学生的社会责任感。社会责任是一种道义上的责任，它是一种在一定的社会中，人们对他人在心理上、感情上所表现出来的一种道义上的关心与责任。一个有社会责任感的人，应当有三项素质：对自己的道德立场有正义感；对正义的实践有正义感；对别人有奉献与牺牲

[①] 李灵丽，黄甫全.复合型外语人才培养的课程设计整体模式：课语整合式学习视角[J].外语界，2022（1）：22-29.

精神。蔡元培曾说，现在的学子应该具备"雄狮之力，猿猴之灵巧，驼象之灵"。"骆驼精神"是一种对学术的责任感，对国家的责任感，对社会的责任感。这也说明了，不管是为人、为事、为学，都是以人为本。在具体操作上，要坚持立德树人，把社会主义核心价值观贯穿于整个培养过程，引导同学把自己的理想与伟大的中国梦相结合，把自己的价值与社会的价值相结合，把自己的命运与国家、民族的命运相结合，把每个同学都培养成有益于社会、有益于国家、有益于社会的人。其次，要重视对大学生创造能力的培养。要想在大学里培养大学生的创造力，就必须要善于调动大学生的学习兴趣和积极性，大学里应该给他们一些自由的选择权，鼓励他们的个性发展，不断地发掘他们的潜能，为他们创造一个能够独立思考、不断探索、不断创新的良好氛围，让大学生在大学里养成良好的行为习惯，为他们未来的发展打下坚实的基础。目前，许多大学都在为大学生的个性化发展而进行规划，把大学生归入不同的发展阶段中，以帮助他们找到适合自己的发展路径，树立自己的专业水平。大学教育中的另一重要环节，就是要重视学生的实际应用能力的培养。练习是创造世间一切的工具，没有它，就不会有我们今天所处的这个真实世界。实践性教学是高职院校人才培养的最薄弱环节，实践性教学是提高院校学生素质的关键。要解决这个问题，首先要做的就是增加教育与教学的实习机会，提高教学与实习的比例。此外，还应鼓励他们积极参加社会调查、社会公益事业、生产劳动、志愿服务、科技创新、勤工俭学等。在此基础上，应建立一系列的校外实训基地，为高校毕业生提供更多的实训机会。同时，要对有关的法律法规和政策方针进行完善，让企业为大学生提供一个实习的平台。

（四）改革人才培养的体制机制

要想培养出一名具有创造性的人才，光有科学的教育理念和关键的环节是不够的，必须要有一个不断变化的体制机制作保证。首先，我们必须推动大学教育教学方式的变革。本科教学是高等学校办学的根本。当前，我国大学本科教育面临着一系列问题。高校管理者要把本科教学放在首位，着力提高质量，积极开展调查研究，定期召开工作会议，解决高校教育工作中的重难点问题。大学的教育工作者要不断创新教育教学方法，试行小班教学，运用参与式、探究式、启发式、讨论式等教学方法，在教育教学中激发学生的创新思维，多采用互动教学法，加强师生之间的交流，促进信息技术普及化，提高学生应用现代科技的能力。教育部应通过构建国家、地方和高校结合的体系，指导各地高校开展专业建设、课程建设，增加本科教学的教育投入，切实提升教学水平。推动人才培养机制的变革，以分级观念推动大学整体素质的提升，对不同类型的人才培养应采取不同的教学方式。以研究生为目标，推动创新能力的提升，合理安排研究生、博士的培养，将学科学习与科研培训相结合，加强多学科的融合，提升教学评价的水平。对具有专业学位的研究生，要注重其专业能力的培养，要重视其专业技能的培养，要重视其实践性的教育，要建设一支专门的师资队伍。目前，人才培养是我国大学教学中存在的一个较为突出的问题，这一问题的解决还需长期的探索。培养创新型人才，要有独特的渠道、独特的方式，大学应注意因材施教，强化国际化人才培养。对于具有特长和潜力的学生，可以采取导师制、小班教学、个性化教学等方式，让他们在最短的时间内加入科学研究的队伍中，为科学研究做出贡献。高水平的科研与高水平的人才培养是相互促进、互为依据的。没有高层次的人才，科技创新就是一场空；没有高水平的科研，一切都是空中楼阁。

在此基础上，应充分利用社会资本，积极探索构建新型的人才培养机制。不断推动科研和教学的有机结合，业务部门和人才的有机结合，达到优势互补，取长补短的目的。加强和健全大学与科研机构、企业与行业之间的"战略联盟"，拓宽资源共享的渠道，共同办学，共同培养人才，实现双赢。

（五）建设高素质的教师队伍

教师是从事人才培养的园丁。现阶段，尽管高校教师的综合素质不断增强，但依旧拥有很多问题，如高质量人才培养体系不健全、青年人才储备较为匮乏、教师师德仍需增强、教师责任感并不强烈等。这部分问题需要在短时间内解决，必须高度重视青年人才的培养工作，始终遵循师德为先、教学为主、科研为前提的核心准则，从根本上增强整体教师团队的综合素质。建设高质量的青年教师团队是教育工作的重中之重，所以需通过"引育并举"的思想来增强青年人才队伍的培养。不久的将来，谁掌握高质量的青年人才，谁就可以在教育发展过程中处于领先地位。青年教师在高校发展过程中起到了至关重要的作用，是高校实现快速发展的重要推动力。加大力度培养青年教师队伍，一是实施对外开放。充分运用人才政策来搭建人才培养项目，依据实际情况编制切实可行的政策，积极主动引入国外高质量人才。需高度重视人才引进，构建出较为完善的人才引进体系，持续优化学术评价体系，严格掌控引进人才的质量，严厉杜绝学术造假的情况。二是主动出击。一方面持续开展研修项目，另一方面通过重点学科、科研基地、科研项目等挖掘具备发展潜力的青年教师。三是敢于尝试。消除一部分负面影响，增强对青年教师的关爱程度。搭建有助于青年教师快速成长的平台，推动其积极参与重大课题研究、课程建设和项目决策管理等。进一步推动青年教师考核评价体系的变革，持续优化薪酬激励体系，制定流转退出体系，提倡青年教师积极拓展教学创新[①]。

实践可以看作是人们独特的物质活动，能够在一定程度上对社会发展起到推动作用。搭建高质量教师团队需要将师德建设与创新实践当作核心。在开展青年骨干人才培养工作过程中，需严格按照教育发展的客观规律和高校教师成长的规律，需要对师德建设与创新实践两方面给予足够重视，从根本上增强整体教师队伍的综合素养。

师德同样被叫作教师职业道德。师德通常指教师在开展教育活动过程中展现出的行为准则与综合素养。它在社会职业道德中占据着非常重要的地位，是专门针对教师行业的德行标准。它通过道义层面规定了教师在开展教学活动过程中持有的情感、态度与人格，通过什么方法解决问题，高效完成本职工作，尽最大努力推动社会发展。教师从知识、方法和品格三个角度来教育学生，教师在开展教学活动时需要高度重视对于学生品格的培养。教师需重点培养学生的爱国情怀、上进心和团队精神，通过自身崇高的师德、丰富的知识储备和人格魅力来教化学生，为学生的成长道路指引前进的方向。教育部颁发的《高等学校教师职业道德规范》通过"爱国守法、敬业爱生、教书育人、严谨治学、服务社会、为人师表"等六个层面严格规范了教师的从教行为。高校需要将规范当成核心搭建师德考评和奖罚体系，把师德表现囊括在教师绩效考核、聘用和奖罚的机制内。进一步推动教师机制的变革与创新。依据实际情况搭建高校教师社会实践制度，主动搭建平台，大力推动教师专业特长、职业发展和服务社会的高质量结合，组织青年教师进行调研、考察和志愿服务，清楚认知到国家与社会的实际发展状况，积极探索到国家的发展前景与趋势，同时认知到自身承担的社会责任。另外，根据实际情况搭建高校教师校外兼职或挂职体系，通过不同类型的方法来推动挂职训练，积极参加各项科研项目，能够在一定程度上对教学和社会实践的快速结合起到促进作用。持续优化高校教师访学体系，挑选高质量教师到国内外高端大学、科研院校进修学习，能够让他们通过教育科学的实践获取到锻炼机会。

[①] 毛和荣，黄映鸥."一带一路"背景下中医药院校"复合型外语人才"培养模式改革研究[J].亚太传统医药，2021，17（9）：219-223.

（六）具体问题具体分析

具体问题具体分析需要将矛盾普遍性原理当作重要前提，重点探索矛盾的特殊性，同时提供处理矛盾的有效方案，是马克思主义哲学的重中之重。它强调人们在思考问题的过程中，不可以一概而论，需依据事情的实际情况实施相匹配的解决方案。应用于教学过程中就演变成了因材施教的准则。因材施教强调根据学生的实际情况，制定出相对应的发展目标，依据实际情况编制出较为完善的培养计划，有效运用差异化的教学内容与方法，最终让他们成长为高质量专业人才。实际上，教师需要充分掌握学生的真实状况与个别差异，针对不同类型的学生采取差异化的教学方式，让所有学生都可以扬长避短，最终得到良好的发展。社会需要各种类型的人才，想要充分运用因材施教原则，保证培养出来的人才都是高质量人才，可以满足社会发展的真实需求，是高校人才培养不得不解决的问题。为达成因材施教，首先需转变传统的人才培养模式，持续优化教学过程和管理，为学生的健康成长奠定扎实的基础。现阶段采用的选课机制、学分机制和素质拓展计划就是因材施教的重要表现，还需进一步变革与创新。教学时，需协调好课堂教学和实践教学之间的关系；从教学方式的角度来讲，不仅仅需要重视集体教学的成果，还需要重视小班或自学的成果。其次，因材施教原则的根本目标是不断增强学生的约束力与自我学习能力。很多学生在教师的帮助下，可以将主观能动性完全展现出来，培养出良好的学习习惯，使得学习的效率与兴趣大幅度提升。

骨干通常指事物的重要构成、支柱和根本成分。进行教学时，学生骨干在开展教育工作过程中占据着非常重要的地位，是其他部分难以取代的。高校中学生骨干的作用如下：首先，因为本质上是学生，他们能快速掌握学生的实际情况，可以协助高校的管理层更好地开展工作。他们可以对信息的传播起到推动作用，能够让高校教学管理的详细标准快速传播至学生群体中。其次，他们作为高校管理层和教师的重要帮手，是所有学生中的模范，同样是自我管理、教育和服务的主体。学生骨干具备的政治觉悟普遍偏高，具备极强的凝聚力，能够通过学校的教育管理工作将自身的价值完全展现出来。学生骨干是开展课外活动与校园文化活动的组织者，在营造校园文化氛围的过程中起到了至关重要的作用。另外，由于一部分学生骨干在学习与成长状态下拥有较高的个性魅力和综合素养，可以对其他学生起到带动作用，具备良好的示范效果。培养学生骨干的重中之重就是选拔工作，挑选学习成绩稳定、思想成熟、学习能力强、愿意服务他人的学生当作骨干。高校培养学生骨干需要消耗的时间和精力相对较多，不只是需要传授较为丰富的理论知识，同时需要在实践过程中锻炼行动能力；不只是需要高标准、严要求，同时需要悉心呵护他们，最终将他们培养成高质量的骨干力量。

本书讲述的几个原则相互影响、相互联系，并非分离开的。这部分原则在高校培养人才的过程中会逐渐统一，我们需要坚持不懈，持之以恒。

第二节 复合型外语翻译人才培养的目标与内容

一、复合型英语翻译人才培养的目标

以英语为例：英语翻译教学的目标是培养学生的各项翻译能力，使学生能够顺利进行翻译。《大学英语课程教学要求》将大学英语翻译教学要求分为三个层次，即一般要求、较高要求和更高要求。

（一）一般要求

第一，能借助词典对题材熟悉的文章进行英译汉，译速为每小时约300个英语单词，译文基本传达原文的意义，无重大的理解和语言错误，符合中文表达习惯。

第二，能借助词典对题材熟悉的文章进行汉译英，译速为每小时约250个汉字，译文基本传达原文的意义，无重大的理解和语言错误，符合英文表达习惯。

第三，能借助词典将与专业相关的文章、介绍、提要、广告、产品说明书等翻译成汉语。

（二）较高要求

第一，能借助词典翻译英语国家一般报刊上题材熟悉的文章。英汉译速为每小时约350个英语单词，译文通顺达意，理解和语言表达错误较少。

第二，能借助词典对一般性题材的文章进行汉译英，译速为每小时约300个汉字，译文通顺达意，理解和表达错误较少。

第三，能摘译所学专业的英语文献资料。译文符合中文表达习惯。

第四，能使用适当的翻译技巧。

（三）更高要求

第一，能借助词典翻译所学专业的文献资料和英语国家报刊上有一定难度的科普、评论等文章，英汉译速为每小时约400个英语单词，理解准确，基本无错译、漏译，译文流畅。

第二，能将反映中国国情或文化的介绍性的文章译为英文，汉英译速为每小时约 350 个汉字，基本无错译、漏译，译文达意，符合英语表达习惯。

1. 六级目标

①掌握常用的翻译技巧。

②初步了解翻译基础理论和英汉两种语言的异同。

③能将中等难度的英语篇章或段落译成汉语，译文忠实原文，语言通顺。

④翻译速度达到每小时 250~300 个英文单词。

⑤能将中等难度的汉语篇章或段落译成英语，速度和译文要求与英译汉相同。

⑥能担任外宾日常生活的口译。

2. 八级目标

①能运用翻译理论与技巧，将英美报刊上的文章以及文学原著译成汉语，或将我国报刊上的文章和一般文学作品译成英语。

②翻译速度达到每小时 250~300 个英文单词。

③译文要求忠实原意，语言流畅。

④能担任一般外事活动的口译。

考虑到外语专业的工具性、人文性、专业性和学科性，同时结合外语专业教学实践的具体情况，我们可以将外语专业人才培养目标的内涵分为五个层次：一是扎实的外语语言基础（语言能力），二是相关的文化知识和跨文化交际能力（交际能力），三是跨学科的专业知识（专业能力），四是对语言文学或国别文化的问题研究（研究能力），五是人文素质的全面提高（人格培养）。以下对这五个层次进行具体分析。

扎实的外语语言基础，具体包括外语语言知识和语言运用技能。具有扎实的外语语言知识指语音、语调正确，词法、句法、章法（包括遣词造句与谋篇布局）规范，表达得体。具有较强的语言运用技能是指听、说、读、写、译技能熟练，外语综合运用能力突出。扎实的语言基本功是外语专业"经院式"培养模式的重点内容，也是外语专业复合型人才培养目标的首要业务素质，强调外语专业的工具性。[①]

相关的文化知识和跨文化交际能力，主要表现为掌握中国以及外语国家的历史、社会、

[①] 沈娟，侯斌. 服务于区域经济发展的复合型外语人才培养模式研究[J]. 校园英语，2021（19）：26-27.

政治、经济、科技、文化等方面的基础知识和跨文化交际能力等。在这一层次上，应该注重学生对于外语专业知识的广泛体验和涉猎，帮助学生建立起对于外语专业的学科性认识。与非外语专业学生相比，外语专业学生应该对主要外语国家的一个或几个方面（如社会、历史、文化、文学、语言、经济等）有更为广泛和深入的了解，这也是他们学位论文的主要选题。与此同时，外语专业学生对中国的文化和文明传统也要有相当深刻的了解和认识。

跨学科专业知识是学生根据自身兴趣和毕业后可能从事职业的方向而学习的基础知识。相关基础知识涉及外事、教育、传播、科技、金融、经贸、管理、法律、军事、新闻、机械、医学等诸多学科领域。这一层次要达到的目标是为学生日后职业发展打下基础，使学生初步具备就业方向的基础知识，掌握相关学科的学习方法和研究方法，具备再学习相关学科知识的能力和潜力。

对外语语言文化本体的研究，主要是指对于外语语言文化的专门研究。张冲认为，"外语在大文科中与历史、文学、语言、哲学等相关专业部分交叉互补"，并将其专业研究范围确定为：

外语语言研究（外语史、外语研究、外语语言学研究）、外语文学研究（文学史、文学、文学批评理论）、外语文化研究（社会与历史研究、思想文化研究、其他国家文化研究）、跨文化交流研究（中西文化思想交流与冲突、中西文化思想比较）。我们认为对于语言文化本体的研究，除以上研究范围外，还应包括外语教育和翻译研究等，并要求学生具有用外语撰写研究论文的能力。

人文素质全面提高的重心是使学生具有较高的人文修养和道德情操，能够通过外语进行思辨，开阔其人生视野，拓展其思维方式，培养其创新能力。这一层次强调的是外语专业的人文性，建立在以上四个层次的基础之上，又融合在四个层次之中。

在分析外语专业的目标内涵和层次定位之后，需要对不同高校的外语专业进行准确定位：是全国统一按照一个模式定位办学，还是允许和鼓励不同学校根据自身教育资源和经济社会环境需要选择不同的模式定位？是以上五个层次不可偏废、全部兼顾，还是择其部分而有专攻，同一所学校不同的学生又应如何培养？很明显，上文所述五个层次是对外语专业培养目标的总体概括，能够全部达到固然很好。但考虑到我国高校的办学类型、办学历史、师资队伍、教学资源和所处经济社会环境的差异很大，所有高校的外语专业要在每个层次上都达到相同的标准显然是不现实的，也是不合理的。因此，不同学校的外语专业应该有所选择，建设自己的专业特色；每个学生也可以有所选择，培养自己的专业特长。

第一层次和第二层次目标作为外语专业学生应具备的基本功应是任何一所开设外语专业的高校所努力追求并不断提高的。目前，国内高校多以开设综合外语、外语听力、外语口语、高级外语等课程来提高学生的外语基本功。这容易导致教师将语言作为一种技能来教授，从而将学生的听、说、读、写能力与专业知识割裂开来。我们认为，语言知识和能力的增长应该与专业知识学习结合起来，在专业知识和能力的发展中进一步培养和提高。以希腊的外语教学为例，雅典大学外语学院（分外语语言与语言学系、外语文学与文化系）不再开设一般的精读、泛读、听力、词汇、语法课等，而是全部开设专业课（这些专业课中很多都是我们国内研究生阶段开设的课程）。当然，各国实际情况不同，我们不能完全照搬希腊的外语教学模式。但是，在生源外语基础相对较好的国内重点院校中，降低语言知识和技能课程的比重、增加专业知识和技能课程的比重并非没有空间。

第三层次目标的跨专业性较强，学校可根据自身类型办出各自的特色来。比如，医学院开设的外语专业可以培养以医学药学知识见长的外语复合型人才，师范学院、林学院、农学院、石油学院、机械学院、财经学院、航空学院、体育学院等专（业）科性高校都可以，也应该培养各具特色的外语专业复合型人才。而综合性大学应根据学校的多学科资源，发展自己的综合优势，鼓励学生根据自己的学科兴趣选择跨专业学习方向。

第四层次目标涵盖的语言文化本体研究则是综合性大学和一些外语院校所擅长的，但是将相关课程开设在本科阶段还是在研究生阶段，还是应根据学校和学生的具体情况区别对待。历史悠久、资源丰富、学生素质较高的学校可以从本科阶段就开设外语语言文化本体研究课程，地方综合性大学则可以因地制宜开设一些介绍性、通用性课程，把专题研究性课程放到研究生阶段开设。

第五层次目标是国家对所有受教育者的要求，但外语作为一门人文学科，外语专业学生应该比非人文学科的学生具有更高的人文素养。人文素养不仅指语言、文学、文化方面的知识，同时也包括其他人文学科的知识，如社会学、心理学等，当然还包括历史、音乐、美术等方面的基本知识和修养。

二、复合型英语翻译人才培养的内容

（一）翻译的要素

翻译的要素指的是翻译研究所涉及的四种人。传统的翻译研究重点放在对原作的忠实上，原作是翻译研究的原信息。然而，随着经济全球化的进程加速，国家间的交流日趋频繁以及语言的变化、观念的改变、需求的改变、文化的融合、学科的交叉等因素，人们对知识的内涵及外延可能会产生新的认识。

尽管人们对事物的本质认识不是因人的主观意识而转移，但对现象的观察角度和对现象研究的切入角度会因时间的变化或多或少地出现变化，这是大家有目共睹的现实。在翻译研究的方法上与过去相比，就有了新的思维和新的视野。

所谓翻译的要素，具体地说就是作者、译者、读者与翻译批评者。现代人对翻译现象的认识在原来基础上有了更进一步的认识。翻译研究的重点不仅仅是从原作到译作，而必须将作者、译者、读者、翻译批评者以及他们之间的关系纳为翻译研究的对象。

1. 作者

只研究原作而不研究原作的作者是不科学的。作者的个性、风格特征、审美情趣都反映在其作品中。不研究作者，就无从真正、全面了解作者及其作品，那么翻译其作品或研究该作品的译本将有所缺陷。作者与读者有着密切的关系。作者也许在写作（创作）时没有想到潜在的读者对其作品会有何反应。但是，任何一位作者在进行写作时，心中通常都有潜在的读者。作者所创作的作品是作者创作目的的初步实现。作者的作品提供给读者，并让读者获得作者预期要达到的目的，即原作对读者发生了作用。同样的道理，翻译者在翻译时必然要想到原作作者的写作目的，也要想到读者。译者也是作者，是再创作的作者，因为译者的翻译也是一种创作。译作者要传递的信息，尤其是字里行间的信息，正是原作者写作时特别看重的信息，他通过某种创作手法将这种信息传递出来，以加强信息对信息接收者造成的影响。翻译过程是翻译者理解了原作后将原作的信息在译入语中再现出来。但是，若不对作者及作者某部作品的目的、背景等进行仔细研究，翻译时就将导致信息在传递过程中丢失。可见，对原作者的重视和研究是翻译的重要一环。[①]

[①] 张明亚. "一带一路"倡议下复合型外语人才培养对策[J]. 才智，2019（15）：134；136.

任何作者的创作活动都是为了作品的产生。作者在从事创作时心中必定有一定的目的。他创作的目的是完成某种心愿或通过创作达到自我突破。作者的创作离开了读者就失去了其意义。研究作者，主要研究作者的社会、功能角色与他或他们所处的社会、语言、文化环境。因为这些方面都会对作者产生影响，尤其是文学创作。

一般来说，作者可以分为以下几种。

（1）行业作者

行业作者指文本所涉及的行业人员。例如，法律文本的创作者通常是学习法律出身的律师、法学家或有法律专业背景的政府部门官员；商业广告文本的作者通常是广告专业毕业的人员或从事广告专业的专门人才。

（2）独立作者

独立作者指原文本作者没有合作伙伴，是独立人，但有时代表法人来创作原作。以国际商务来说，国际商务英语文本作者与文学作品的创作者有本质的区别。文学作品作者是将自己的思想和创作意图通过其作品来体现，而国际商务文本的作者通常并不表现自己的原创意图，他往往代表群体的利益来创作。当然，在不同的情况下，商务文本作者也有可能仅仅将自己的创作意图体现在他的创作文本中，如商务报告、国际商务理论著作等。翻译研究有必要对作者加以分类来研究作者创作文本的初衷，以便能对翻译进行更深层面的研究。

（3）群体作者

群体作者指原作的作者不止一个人。有时原作的创作需要由几个人甚至更多的人来完成。翻译再创作也常有群体作者，如技术资料由于时间关系需要有更多的人来完成翻译工作。在非文学翻译中有更多的群体作者，如国家的政策英译或重要的英语文献汉译有时需要集体的力量来研究、翻译。作者一方面是针对其作品而言的，他是作品的制作者；另一方面，作者是相对读者而言的，因为作者的创作目的都是让读者阅读。作者的创作和读者的阅读构成了创作的全部，没有读者的介入，作者的工作就失去了意义。法国解构主义理论的代表人物之一罗兰·巴尔特（Roland Barthes）在阐释读者与文本的关系、分析文本的意义时，明确宣称"作者死了！"巴尔特认为作者在创作了作品后，文本中的语言符号就起作用了。我们理解的所谓的"作者死了"是说作者完成了创作的使命，他再也不需要也不能为后来的读者或译者进行阐释。读者或译者只能自己去理解、解读文本的含义。文本一旦被作者完成就是客观的存在。作者与其创作的作品脱离了关系，从空间上和时间上都产生了距离。这听上去有道理。不过，从另外一个角度来看，作者并没有真正死亡。我们也可以这样理解：作者已经将自己的灵魂融入其作品中去了，在文学作品中更是如此。译者怎样在原作中找到作者的"灵魂"取决于他对作者及其作品的理解和研究程度。不管从翻译实践还是从翻译理论研究的角度，对作者的研究是翻译学科的必要课题。只有对原作的作者有深入的研究，才能对翻译的实质有更清楚的认识，从而做好翻译实践工作和翻译研究工作。

2. 译者

译者在整个翻译过程中是一个非常重要的角色。译者不仅是创作者，也是自己译作的读者和批评者。翻译是创作，和原作者的创作不同的是，翻译创作的素材主要来自原作，还有就是来自译者的生活经验和知识积累。译者要翻译原作，必须仔细阅读和研究原作。一般的原作读者在阅读时不会仔细研究（研究者除外），而译者必须如此，只有对原作的含义完全、准确地理解了，才能创作好的译作。译者也是批评者，因为在阅读原作的过程中，译者必须对原作的语言信息进行加工，在从理解到表达的过程中审时度势。对译者的认知直接影响到对翻译性质的认识。长期以来，译者似乎总是处于一种尴尬、被动的地位，他所从事的翻译工作有时吃力不讨好。历来人们对译者的看法有以下几种。

（1）译者是"仆人"

有人认为译者是"仆人"，侍从于两位"主人"：作者和读者。这一观点从表面上看来似乎没错。译者的再创作必须以作者的作品为准，不能离开作品。同时，译者必须对读者负责，必须将作者蕴藏在其作品中的思想真实地呈现给读者。然而事实上，译者不应该是"仆人"。我们认为，译者应该是"从奴隶到将军"。译者的再创作应该在原作的基础上有自己的空间，而在这些空间中，译者仍然会在创作过程中充分地把握作者赋予其作品的精神。译者并不是亦步亦趋。我国著名翻译家许渊冲提出的翻译"竞赛论"充分证明了这一点。

（2）译者是"叛逆者"

此说源自意大利的名句"翻译者，叛逆者也"。所谓叛逆，主要指译者在翻译过程中没有办法将原作的全部内涵传译到译作中去，译文有违背原作的地方。这种说法也不无道理。但是，说译者是"叛逆者"未免有点过分，因为"叛逆者"通常指大逆不道之人，而译者只不过是在翻译过程中丢失了部分信息而已，况且高明的译者在翻译过程中丢失的信息是有限的，并且能将丢失的信息通过某些手段弥补过来。

（3）译者是"隐形人"

这种说法其实是对译者提出要求，即要求译者在译作中不能让读者看出有自己的"影子"。在我国，早在隋代，彦琮就对译者提出要求。要想在译作中完全没有译者的"影子"只是一种理想。美国著名翻译家尤念·奈达博士说："所谓翻译，是指从语义到文体在译语中用最切近而又最自然的对等语再现原语的信息。"奈达所说的"最切近而又最自然的对等语"言下之意是说不可能做到真正百分之百的对等，翻译过程中必然有信息丢失。任何译者在长期的翻译过程中都会形成自己的翻译风格，尤其是在处理流失的信息时，往往有自己的特殊处理方法。

所以，译者要做一个真正的"隐形人"几乎不可能。例如，傅雷的译文总是"隐藏"着傅雷。熟悉傅雷译作的人在读他的译文时很快就可以感觉到傅雷的"存在"，这样傅雷就不是真正的"隐形人"了。这种"隐形人"的"现身"体现出译者的翻译风格。译者翻译风格的形成表现出译者的译入语语言的风格标记，换言之就是译者在使用译入语表达时所形成的自己独特的风格特征。做一个非常称职的译者并不容易。奈达认为，译者必须具备以下一些条件：必须非常熟悉原语；精通译入语；精通或掌握所译的文本的体裁（文本文体）；具备"移情"能力，即能体会到原作者的真正意图；具备语言表达的才华和文学想象力。[①]

译者若能做到这五点要求，就基本上能做一个"隐形人"，而要真正做到却非易事。例如，国际商务翻译者一般不需要像文学翻译者那样有丰富的想象力，但必须熟悉国际商务的有关业务知识。另外，我们认为译者还必须了解翻译理论的基础知识。

虽然译者在从事翻译工作时不会想到翻译理论，但当译者在翻译过程中遇到问题时，若有翻译标准的参照，有翻译理论的依据，就可以大胆地用符合该标准或理论的方法进行翻译，提高翻译质量，从而尽可能将自己"隐藏"，在译作中充分再现原作者。

（4）译者是翻译的主体

对于翻译的主体，一直存在不同的学术观点。根据陈大亮所做的分类，有四种观点存在：认为译者是翻译主体；认为原作者与译者是翻译主体；认为译者与读者是翻译主体；认为原作者、译者与读者是翻译主体。

从这四种不同的观点可以看出，人们从不同的角度去认识翻译的主体。然而，我们更同意第一种观点：翻译的主体是译者。方梦之认为："翻译主体常指译者或称译者主体（以翻译行为本身而言）。"方梦之在其《译学辞典》中虽然也列举了其他观点，但是他将翻译的主

[①] 马瑞贤，侯贺英，汤倩. 对外传播视域下的复合型外语人才培养研究 [J]. 传媒，2019（11）：87-89.

体是译者放在首要的位置，足以说明他对翻译主体的认识。主体的特征是主体所具有的主观能动性。

译者作为翻译的主体，面对的是翻译作品这一客体，具有创造性和自主性。译者对原作者及其译作的作用过程表现在他对作者的创作意识和思维加以阐释，对译作也加以阐释。作者不是翻译的主体，因为作者没有介入翻译的任何活动，他的主观能动性表现在他对客观世界的认识，并通过思维的方式，用语言将其认识表现出来。译者不同，译者的所为是针对已经存在的客体：原作。作者在创作过程中是主体，而在翻译过程中则是译者研究的客体。译者在翻译中是主体，因为"译者从语言（文本）出发重构客观世界"。

读者不能被视作翻译的主体，而是接受主体，因为读者是译文的接受者。读者的行为性质不足以构成翻译的主体性，翻译的主体性指译者在翻译活动中表现出来的本质特征，即翻译主体能动地操纵原作（客体）、转换原作，使其本质力量在翻译行为中外化的特性。既然读者不是能动地操作原作和转换原作的行为者，即读者并不参与翻译的实际过程，这样就不构成翻译的主体性，所以读者同样不能被认为是翻译的主体。在整个翻译过程中，译者是中心人物，是翻译的主体，因此是翻译过程研究的重点。译者的作用不言而喻，没有译者就无从谈及翻译。没有译者，原作仍存在。可是，翻译的主体译者不存在的话，就没有译作，没有译作也就没有译作的读者。

在翻译过程中，译者不应该是"一仆二主"。译者应该有相对的独立性和主观能动性。胡庚申在研究了译者主体后进一步认为应该确立"译者中心论"。他说："这里提出以'译者为中心'，目的就是突出译者在翻译过程中的这种中心地位和主导作用，并力图从译者为中心的视角对翻译活动做出新的描述和解释，从而形成一个以'译者为中心'的翻译观。"胡庚申还认为，在强调译者中心的同时，不能忽略作者、读者的重要性。

另外，查明建和田雨从译者文化地位的边缘化角度论证了译者的主体性。译者对原作和原作者的理解决定译作的命运，而译作的命运又直接和译作读者密切联系，好的译作必定受到读者的欢迎。换言之，好的译作主要来自好的译者，原作再好，没有译者的再创作，就不能对译入语读者发挥其功效。查明建和田雨两位学者对译者主体性做了这样的描述："综合以上分析，我们可以尝试为'译者主体性'做这样一个界定：译者主体性是指作为翻译主体的译者在尊重翻译对象的前提下，为实现翻译目的而在翻译活动中表现出的主观能动性，其基本特征是翻译主体自觉的文化意识、人文品格和文化、审美再创造性。"

美国著名翻译学者、解构主义的代表人物劳伦斯·韦努蒂的学术观点和罗宾逊有所差异，但是他们的观点有一个相同点，这就是他们俩都非常重视翻译中译者所起的重大作用。由此我们可以看出，译者作为主体在翻译过程中有重要地位。

（5）译者的忠诚

译者一直扮演着吃力不讨好的角色。他不像作者，尽自己之所能将要说的话通过语言艺术表达出来。译者面对的是作者的原作。传统的翻译观认为，译者首先必须对作者忠诚，换言之，必须对原作者负责，原作者说一，译者不能说二，否则译者就会被认为是对作者不忠。此外，译者还要对读者忠诚。译者必须将原作的内容用译入语完整地呈现给读者，如有疏漏，就被认为既对作者不忠诚，又对读者不忠诚。

事实上，对翻译一部长篇大论的译者来说，很难做到"忠孝两全"。译者不可能百分之百地忠实于原作者，因为创作译作就像复制一尊雕塑品，译者用另外一种材料（另一种语言）塑造出原雕塑品，在再创造的过程中，总会有被遗漏的东西。另外，因为译者不可能做到对作者百分之百的忠诚，所以译者就没有做到对读者的真正忠诚，并且译者被认为没有将原作者的全部创作意图转达给读者。

此外，译者的翻译是再创作，既然是再创作，译作中就可能有自己的创作成分，尽管译者的再创作是基于原作，但由于源语与译入语之间有许多制约因素，如由于文化隔阂而造成的不可译性，这样就造成了译者的所谓不忠诚。再者，原作中（尤其是科技和国际商务文本中）存在一些问题，为了在译文中正确地传译出原作的真正含义，译者可能要增加有限的注释甚至译者个人见解以补原著的不慎或不足。这样译者似乎对作者不忠诚，但这样做正是为了对读者忠诚。

有人认为，译者是奴仆，他必须忠诚于两个主人：作者和读者。但是，译者不应该扮演奴仆的角色。译者与作者和读者是平等的关系。我们可以说，译者是作者和读者的好朋友，因为译者将作者的作品翻译介绍给读者是两全其美的事，是给作者和读者帮了大忙，因为译者将作者的作品介绍给读者帮助作者扩大他的作品的影响。事实上，译者是在为作者宣传、推广他的作品。另外，译者给读者也帮了忙，因为对于读者来说，译者让他们能通过阅读译作来欣赏原作或通过原作获得求知或愉悦满足。

如前所述，译者还被认为是"叛逆者"，我们认为译者在其译作中多少会有自己对原作的理解，或者说是对作者意图的阐释，在文学作品的翻译中更是如此。译者对原文作者"本意"求索的结果正确与否，通常是无法得到原文作者的亲自鉴定或认可的，像法译本《浮士德》竟能得到原作者歌德本人的赞叹，并被认为"比德文本原文还要好"，这可说是古今中外翻译史上绝无仅有的佳话。

不管是译者对原作"本意"的理解是否准确，还是译者的译作比原作更好，有人认为这是对作者的不忠，因为从翻译的实质上来看，译作不能超越原作。但是就创作而言，翻译的忠诚主要在于将原作者的真正意图阐释清楚。原作者在创作原作与译者在翻译原作时，从空间和时间上都发生了变化，甚至是巨大的变化。如果要求译者不折不扣地彻底理解原作者赋予其作品的意义，那是不现实的。译者的忠诚主要反映在译者对原作思想的把握上，而不是在形式的雷同上。

3. 读者

读者的作用在以往的翻译研究中没有得到足够的重视。过去我们总是将翻译的中心放在对译者、原作者以及译作的研究上。然而，没有读者，翻译的目的就没有达到。没有读者的译作犹如锁在仓库中没有进入流通市场的产品。所以，翻译研究不能不重视读者。翻译过程中译作与读者的关系颇为重要，因为任何译品总是要有人阅读才有可能产生影响、发挥作用，它直接关系到翻译功能的完成及翻译目的的实现。狭义的读者指译作的读者。广义的读者包括原作的读者和译作的读者。此外，读者还包括译者，因为译者翻译必须阅读原作。在国外，读者曾经引起过人们的关注。从西方翻译的早期开始，西塞罗等人就注意到了这种关系（译作和读者的关系———笔者）。西塞罗曾指出，译者在翻译中应像演说家那样，使用符合古罗马语言习惯的语言来表达外来作品的内容，以吸引和打动读者。[1]

翻译的目的是让人阅读译作。翻译家在翻译时，心中必须想到读者，换言之，译者要时刻记住为谁而译。著名翻译家奈达在自己翻译实践和翻译研究的基础上，特别强调读者的作用，看重读者对译作的反应。他强调原作读者与译作读者的反应对等。尽管我们通常不容易了解到原作读者对原作的反应与译作读者对译作的反应是否对等，但是在翻译研究中将读者纳入研

---

[1] 赵海云."一带一路"背景下复合型外语人才培养策略研究[J]. 知识文库，2019（23）：248-249.

究对象无疑是十分有意义的事情。当代英国翻译理论家西奥多·萨瓦里就提出"读者分析法",他指出:"要获得圆满的翻译效果,必须根据不同读者的要求,提供不同性质和风格的译文。"萨瓦里将读者放在十分重要的位置,他认为翻译为读者服务。

奈达从社会语言学和语言交际功能的观点出发,强调翻译应该以读者接受为中心任务。对奈达的翻译理论观点,人们虽然有些争议,但是翻译中读者的重要地位是毋庸置疑的。出现于20世纪60年代末期、鼎盛于20世纪70年代至80年代,并且时至今日仍具有广泛影响力的接受理论特别看重读者的作用。创作或作品只有在阅读欣赏中才能成立。翻译作品同样只有通过阅读才能成立。虽然接受理论强调的是创作中读者的作用,但对翻译也同样适用,译作若离开了读者,就失去了存在的意义。可见,读者是翻译研究中不可忽略的对象之一。

4. 批评者

批评者指翻译批评者。翻译研究应该将翻译批评者纳入研究对象。翻译批评在翻译理论和实践中是一个重要的起连接作用的中间环节。因此,翻译批评者就是翻译理论与实践之间起承前启后作用的一方。翻译批评者对翻译理论与实践有所关照,通过对翻译批评者的研究我们可以加深对翻译理论与实践的认识,同时使得翻译批评工作在翻译学科中的功能和重要性得到进一步的澄清,并厘清翻译批评和翻译理论与实践的关系。这一切活动离不开对翻译批评的主体———翻译批评者的研究。

翻译批评者站在翻译理论的高度对译作全方位评论,翻译批评者的工作质量直接影响着翻译理论与实践。所以,对翻译批评者的具体工作性质、思维、批评标准的选择与把握以及工作态度等有必要进行深入的研究。翻译批评是翻译学中的一个重要组成部分,讨论翻译理论与实践必定需要对翻译批评者进行研究。

(二)翻译的性质

对于翻译的概念,人们一般认为翻译是把一种语言转换成另外一种语言的活动。《现代汉语词典》给翻译下了这样的定义:把一种语言文字的意义用另一种语言文字表达出来;把代表语言文字的符号或数码用语言文字表达出来。中外翻译家对翻译概念的理解大同小异。苏联翻译家巴尔胡达罗夫认为,翻译是把一种语言的言语产物在保持内容方面也就是意义不变的情况下改变为另外一种语言的言语产物的过程。

奈达认为:"所谓翻译,是在译语中用最切近而又最自然的对等语再现原语的信息,首先是意义，其次是文体。"爱丁堡大学应用语言学院的翻译家卡特福德认为："翻译是将一种语言（原文语言）组织成文的材料替换成等值的另外一种语言（译文语言）的成文材料。""翻译是按社会认知需要、在具有不同规则的符号系统之间所做的信息传递过程。""翻译是一种跨语言、跨文化的交际活动，翻译的过程也就是信息的传递过程。"综合上述，我们将翻译的性质归结如下。

①翻译是一种活动，一种在原文基础上的改变语言形式的创作活动。

②翻译是一种信息转换活动。

③翻译是语言、符号意义的转译过程。

④翻译是将一种文化介绍到另外一种文化的活动。

总之，翻译是从译语里找到原文信息的对等语。这种寻找对等语的活动除了要考虑表层意思和深层意思，还涉及寻找对等语以传递风格和文化信息。

（三）翻译的方法

为了保证译文更加顺畅，就必须运用一定的翻译方法。在遵循原文内容的前提下，需要对原文的表达方式、表现手法进行改写。一般而言，翻译方法有直译、意译、音译等。在翻译学习中，教师应该引导学生弄清这些翻译方法，从而提升自身翻译的效率与质量。

1.直译法

直译法即采用和译语对应的词翻译出原语中的文化信息，这样可以尽可能多地保留原语文化的特征，开阔译语读者的文化视野，促进中外方文化的交流。例如：

他一家子在这儿，他的房子、地在这儿，他跑？跑了和尚跑不了庙。

（周立波《暴风骤雨》）

"Escape? But hish ome and property can't escape 'The monk may run away, but the temple can't run with him!'"

在翻译俗语"跑了和尚跑不了庙"时，译者采用了直译法，一方面保留了原语中的形象，另一方面也很好地传达了原语中的文化信息。

And since that time it is eleven years;

For then she could stand high-lone; nay, by'the'rood,

She could have run and waddled all about;

（Shakespeare）

译文1：是啊，自从那天起，就糊里糊涂过了十一年。对啦，断奶那天她就会站着，不，都跑了，东倒西歪的一会儿都不消停。

（曹禺译）

译文2：算来也有十一年啦；后来她就慢慢地会一个人站得直挺挺的，还会摇呀摇的到处乱跑……

（朱生豪译）

译文3：

从那天到现在已十一年了；

那时她已经会站着了；是啊，凭着十字架起誓，

她已经会跑了，到处蹒跚着走。

（曹未风译）

本例来自《罗密欧与朱丽叶》。原文中的短语by the'rood具体指swear by the cross，意思是"对着十字架起誓"。在以上三个译文中，译文1和译文2省去了这一具有文化内涵的短语，只有译文3将这一短语直译了出来，使原语中的文化色彩得以再现。

2. 转换法

由于不同民族的历史、生活地域、风俗习惯等各不相同，因此对待同一个事物，不同民族也会有不同的理解和认识。有的事物在一种语言文化中有着丰富的内涵和外延，可以引起人们美好的联想，在另外一种语言文化中却平淡无奇，毫无文化色彩。在翻译过程中，如果遇到这种文化差异，译者应采用变通的处理方式，也就是说将源语中具有文化色彩的词语转换成译语中带有相同文化色彩的词语[①]。例如：

lead a dog's life 过牛马不如的生活

laugh off one's head 笑掉牙齿

as hungry as a bear 饿得像狼

---

① 张昀. 应用型本科复合型外语人才培养模式探究[J]. 产业与科技论坛，2019，18（24）：146-147.

as scared as a rabbit 胆小如鼠

like a duck to water 如鱼得水

wake a sleeping dog 打草惊蛇

drink like a fish 牛饮

3. 音译法

有些原语文化中特有的物象在译语中为"空缺"或者"空白"。此时仅能用音译法将这些特有的事物移植到译语中，这样不仅保存了原语文化的"异国情调"，而且吸收了外来语，丰富了译语文化。例如：

People considered that what he had played on that occasion was no more than a Judaskiss.

人们认为他在那种场合所表演的不过是犹大之吻。

犹大是耶稣的一个门徒，他为了30块银币出卖了耶稣。他和耶稣亲吻，目的是让罗马人认出耶稣。《新英汉词典》将 Judas kiss 翻译成"奸诈，口蜜腹剑，阴险的背叛"这样意译并无错误，但过于平淡，失去了原语的文化色彩，所以可以将用半音半译的方式翻译成"犹大之吻"更加生动形象。再如：

武夷茶 bohea

秀 show

色拉 salad

刮痧 Gua Sha

锅盔 Guokui

炒面 Chow Mein

酷 cool

馄饨 Wonton

普洱茶（云南）Pu'er tea

磕头 kowtow

八卦 ba gua

糍粑 Ciba-made of potatoes

瑜伽 yoga

蹦极 bungee

董酒 Dongjiu（wine）

烧卖 Shaomai

功夫 kung fu

4. 图表法

所谓图表法，是指运用图表对复杂的事物内在关系进行对比，最后进行阐释的方法。这种方法比较简明，也容易理解，能够对事物内在的关系进行清晰的阐释。因此，运用图表法能够让目的语读者对译语文本中的文化信息一目了然，进而理解也就非常容易了。

5. 零译法

零译法是一种前卫的、新颖的翻译法。与传统的直译法、意译法、音译法等方法相比，这一方法往往比较省时、省力，也让目的语读者容易理解和把握。在文化翻译中，译者应该对这一方法进行恰当的运用，从而更好地促进两种语言与文化的发展。

例如，ipad 一词的出现就是典型的例子，采用零译法，直接用 ipad 来表明，不仅能够准确理解原本的科技术语，还能有助于目的语读者接受该事物。当然，类似的例子还有很多。例如：

HR 人事部门

DVD 激光视盘

FAX 传真

DNA 脱氧核糖核酸

EQ 情商

B 超 B 型超声诊断

IT 信息技术

CEO 首席执行官

VS 对阵

VIP 要客

3M 一种机械产品

6. 改写法

所谓改写法，是指对目的语中已经存在的妙语进行改造，并运用到译文之中。其与转换法的区别在于转换法是直接运用目的语中的与原语相同含义的词语或句子，而改写是在其基础上进行改造。例如：

Anger is only one letter short of danger.

译文 1：生气离危险只有一步之遥。

译文 2：忍字头上一把刀。

上例中，译文 1 是采用意译法直接翻译出来，读起来通俗，可以说译文 1 是没有错误的，但是并不优美、文雅，不能体现出译者的文采。译文 2 采用了农村习语"色字头上一把刀"，对其进行改造，翻译成"忍字头上一把刀"，既读起来给人一种文字游戏的感觉，也更能凸显"忍"的作用，是对原作很好的传达。

7. 省译法

省译法顾名思义就是对其中的一些内容进行省略。具体而言，译者在进行文化翻译时，需要对特定不必要的内容进行省略。例如：

三十六计，走为上计。

The best stratagem is to quit.

显然，译者在对上述成语进行翻译时，由于句子的重要含义在于后者，因此对于前者进行省略。

第三节 复合型外语翻译人才培养的现状

随着社会经济的快速发展，以及国际交流的日趋频繁，社会对外语人才的需求也日趋多样化，各个行业都需要大量的不同能力、不同水平的外语人才。培养复合型和创造型的英语人才是一个庞大而复杂的系统工程，它涉及政府、企业、大学和社会等多个层面。目前，高校英语教学已经成为检验高校教育质量，培养复合型、应用型人才的一个重要部分。

近几年，随着我国高校的快速发展，外语教学质量得到了进一步的提升。但是，相对于当今世界经济全球化，对复合型、创造型的英语人才的要求，高校英语教学在快速发展的同时，也面临着严峻的挑战。本研究采用问卷调查的方法，对300余名商务英语专业本科生进行了初步的实践研究。本研究共发出300张问卷，回收287张，其中276张有效，有效率96.2%。通过问卷调查，发现近半数受访的外语专业学生表示，他们所学的英语与他们实际的工作并不匹配；69.2%的大学实习生表示，在就业过程中，商务英语应用能力是非常重要的，仅有21.7%学生对英语应用技能表示认可，认为其对就业有很大帮助；63.8%的大学实习生认为，在英语学习中，应该将英语和其他专业的背景知识有机地结合起来，而65.9%的大学实习生则认为，学校中来自企业第一线的兼职教师人数过少。在对高校外语人才培养的主要问题进行了调查后，发现"教学内容不符合实际"和"忽略了创造力和个性的培养"是最受突出的两个问题，这说明高校在外语人才培养上还是采取"一刀切"的方式，培养出来的外语人才就像是一个模子里刻出来的一样，完全没有自己的特色。通过对我国高校英语教学现状的调查与总结，笔者认为，目前我国高校英语教学中存在着许多制约着质量提高的因素。

一、教学方法不科学

由于授课教师对翻译体系研究得不够深入和全面，很多教师在教授翻译时使用的教学方法是很不科学的。在传统教学模式的影响下，很多教师教授翻译的过程为"为学生布置翻译实践任务－学生翻译并提交－教师批改学生的译文－挑出其中的错误并进行讲评－安排翻译实践练习"。这种不科学的教学方法不仅费时费力，而且还得不到满意的教学效果，学生一直处于被动接受的地位，根本无法养成科学、合理的学习习惯，自然更无法提高自己的翻译能力。[1]

此外，在教学过程中教师不会给学生系统地讲解翻译理论知识，更没有安排学生全面学习翻译的各种技巧，在教授时往往针对翻译材料中的重点词语、句型进行讲解，将翻译课上成了词汇课和语法课。在学生做完翻译任务后，教师就直接告诉学生任务的答案，并未给他们仔细分析自己的译文与答案之间的区别与差距的时间，影响了学生翻译能力的提升。

---

[1] 汪燕."一带一路"背景下"多语种+"复合型外语人才培养研究[J]. 教育教学论坛，2020（8）：143-144.

二、师资力量薄弱

我国很多高校中教授翻译学科的教师并非翻译专业的科班出身，他们在学校学习的往往都是综合类外语内容，对翻译的知识、理论、技巧等方面了解得也并不透彻，因此在开展翻译教学工作时会显得力不从心。另外，还有一个十分重要的原因是高校教授翻译科目的教师自毕业就进入学校教学，没有经过社会生活经历的体验，更没有从事过实际的翻译工作，这在一定程度上导致这些教师与社会的发展存在一定的脱节现象。在这类教师的影响下，大多数学生在翻译学习中很难抓住核心和要点，教师对于翻译方面的内容也是看课堂时间的充裕与否，由此使得学生并不能完全掌握系统的翻译理论知识及参与大量的翻译实践活动。

三、重视程度不够

经过分析我国的外语教学大纲可以发现，我国对学生的翻译技能和能力的培养并未给出具体的方案与计划，与其他技能相比较而言，翻译技能的地位是很不受重视的。在这一现状的影响下，翻译教学不能引起授课教师的足够重视，他们往往采用传统的教学方法进行授课，只是将翻译看作一种巩固其他语言技能的手段，只注重语言形式而忽视了内涵。另外，对于教材中的翻译练习，教师往往将其作为练习安排给学生，经常是有时间就讲解一下，没有时间就直接给出答案，让学生自己去核对，持有一种非常随意的教学态度。

四、外语教学缺乏跨学科交流

在大部分的大学里，外语仅仅是一门单独的基础课或基本科目，每天都在教授语言知识，而缺乏与其他专业科目之间的信息和能量的交换。尤其是在公共英语的教学中，许多老师并不清楚该专业的人才培养目标和就业方式，只会盲目地讲授，而忽略了外语作为一门基础课，为其他学科提供服务的重要性。这样的情况导致了学生所学的语言知识无法直接为专业人才的培养提供帮助，语言能力也无法与职业能力和岗位能力的要求相适应。一些高校认识到了公共英语的不足，并据此开设了企业英语的限定课程，但是由于不同学校、不同专业的课时差异，以及教师的陈旧和教材的缺乏，使得企业英语的开课效果不佳。外语教学的偏离使得高等外语教学与其他专业教学相脱离，无法实现正常的互动交流和信息传递，妨碍了二者之间的和谐发展。

在很长一段时间里，外语都是作为一种纯粹的语言教学，很少和其他的专业知识结合在一起，因此外语专业人员只是掌握了一些通用的语言技巧，而不具备相应的专业知识和技能，在目前的经济、科技等领域中，很难胜任各种工作。通过问卷调查发现，我国劳动力市场上，对于单纯使用英语的人才的需求量在逐年减少，而想要使用英语的人占到了70％以上。在我们国家，学习和说外语的人很多，但是能够运用外语为自己的产业提供技术开发和创新活动的人却是凤毛麟角。众所周知，在当今的IT产业中，语言已成为一个非常重要的组成部分。只拥有一种语言能力的外语人才已经不再受到人们的追捧，而精通国际贸易、企业管理等方面的专业知识，并具有开拓和进取精神的复合型、创新型外语人才则在市场上受到人们的青睐。随着经济社会的快速发展，人们对外语人才的评价也发生了翻天覆地的变化，人们对语言应用能力、知识结构、创新素质的要求也越来越高。与以往缺乏针对性的"通用英语"人才相比，企业更青睐"双料"人才，也就是"外语＋专业"的复合型人才。

五、课程设置不够完善

随着大学英语专业的不断扩招，该专业的教学工作取得了很好的成绩，但也存在着不少问题。比如，外语系的课程和普通专业一样，除了基本的听力和口语、英美文学、翻译等，其他都是以商业英语为主，这样的话，学生的知识储备就会很少，所以他们的工作领域也会很狭窄。再者，大部分院校的商务英语课程体系多年来基本没有什么改变，这与我们国家快速发展的商业和经济发展很不相称。在当今社会的商业活动中，课程设置要持续地更新，要跟上国际社会发展的脚步，表现出动态变化和调整的特点。要以产业结构的调整和岗位需求的变化为依据，及时地对课程设置和专业方向进行更新，从而体现出外语教育为社会服务的特色。大学英语专业以文学语言和翻译为主。根据翻译专业毕业生反馈的信息，他们所从事的工作不仅是与语言打交道，而且还承担着公司其他领域的工作，翻译只是他们工作的一部分，他们在工作中需要学习本公司其他的业务知识和专业知识。

从目前我国高校英语教学现状和就业市场对英语教学的要求来看，在传统的高校教学模式下，仅是单纯的英语教学，已经无法适应社会经济发展的需要。经济科技交流的全球化，使得我国的英语教育可以从外国的英语教育中学习，并在教学中更加重视知识的广泛性、实践性和综合性。目前，我国的外语教学专业设置过于狭窄，教学内容过于单调，教学手段落后，学生的知识面过于单一，无法满足社会的需要和经济的发展，这一切都说明，我们的外语人才培养模式的改革已经迫在眉睫。

第四节 跨文化交际视角下复合型外语翻译人才的培养策略

一、树立跨文化交际复合型外语翻译人才培养观念

跨文化交际复合型外语翻译人才培养实则是培养既具备知识和技能，又具备其他专业能力的综合型人才，将二者融为一体培养具备国际化视野的外语类人才。高校树立外语跨文化交际复合型人才培养观念，应当注意以下几点：

一是处理好理论教学与实践教学之间的关系。在课程教学中，既要注重理论知识的积累和应用，又要突出语言技能的获得和跨文化运用。二是处理好行业对人才需求和高校学科教学之间的关系。高校应当树立起基于应用导向的人才培养理念，通过深入的调研分析和研究，明确对人才知识、能力、综合素养等方面的需求。三是高校复合型人才培养必须以社会需求为导向，充分突出应用性，并基于此不断地促进高校人才培养理念的合理优化，培育符合我国国际化发展的高校跨文化交际复合型外语翻译人才。

二、跨文化交际视角下复合型外语翻译人才需求优化课程体系

合理地优化课程体系可以更好地对接人才培养的社会需求，提升高校跨文化交际复合型外语翻译人才的针对性和培养质量。基于跨文化交际复合型外语翻译人才需求优化课程体系，应当融入模块化课程建构理念。具体而言应涉及三大模块。

（一）专业理论知识的课程模块

在课程模块中，内容涉及语言学、语音学、翻译学以及跨文化交际理论、英美文学、英美文化等课程。这些课程根据不同的权重以合适的课时安排到教学当中。通过开展这些课程的教学可以帮助学生掌握语言结构和运用使用规律，培养学生的文化素养和跨文化意识。

（二）专业能力培养的课程模块

专业能力培养的课程模块，侧重基于学生听、说、读、写、译语言综合运用能力，合理地安排基础语言课程、写作课程、精读课程、翻译课程等。通过这些课程的合理开展可以提升学生的外语应用能力。

（三）综合知识及能力模块

综合知识板块课程设置应当全面涉及外语跨文化交际复合型外语翻译人才需求相关的课程，包括法律课程、管理课程等。同时，这部分课程模块应当契合个体兴趣、市场需求等进行合理的选择，意在促进学生个体综合能力和素养的提升。

三、创新高校复合型外语人才培养中的实践教学方法

为了提升跨文化交际复合型外语翻译人才的质量，必须对课程教学方法予以优化。具体而言：一是教学方法应突出学生的主体地位，提升学生个体的参与度。二是要充分利用第二课堂开展教学活动，发挥第二课堂在外语跨文化交际复合型外语翻译人才培养中的重要作用。三是要充分发挥实习基地在提升学生外语跨文化交际能力层面的重要作用，通过校内外联合的方式，为学生提供更多的锻炼机会，把知识转化为技能，把传授知识与能力培养结合起来，促进学生外语跨文化交际能力的不断提升。

四、构建完善的教学管理体系

在培养复合型外语人才过程中要重点关注两项内容，一是根据学校教学活动的开展情况，围绕就业市场调研情况等设计合理的知识结构模块。二是以复合型外语人才培养目标为导向，选择合理的教学管理模式。

在教学管理体系实施过程中，要不断地对现有的选课制、学分制进行调整，使之能发挥保障作用。教学体系中包含多种类型的课程，如专业基础课、通识文化课、专业方向课、实践课等，通识文化课则分为选修课与必修课两种，学校会对必修课教学活动的组织提出统一要求，但选修课则不同，学生可以根据自己的特长、兴趣等自主选择，如果成绩不合格也可以重新选择或继续学习。专业基础课与专业方向课有所不同，前者为必修课，而后者则为学生提供更多的选择机会，但对学生的学分数量提出了一定的要求。①

五、加强复合型师资队伍建设

只有足够的师资才能使学校的教学水平与竞争力得到提升，要对教师队伍的职称结构、年龄、专业等进行合理搭配，增强其合理性。可以从两方面着手建设复合型师资队伍：一是跨

---

① 王海骄."外语+专业"复合型外语人才培养模式探究[J].科技资讯，2020，18（6）：239；241.

学院整合教师资源，争取拥有更多一专多能的复合型教师，为了使外语教师队伍的知识结构能发生积极改变，可以从专业教师中挑选出一批有良好外语素养的教师，从整体上提高外语教学质量。二是与兄弟院校保持良好合作，实现师资资源的共享，产生优势互补的效果。

首先，要对师资培养工作制订培训计划，组织教师参与各种类型的培训活动，实现知识与技能的更新。其次，以多样化的激励措施鼓励教师结合自己的专业特长、兴趣爱好等参加跨专业培训，使教师业务素养得到有效提升。最后，鼓励其他专业教师参与外语学习，实现多个专业的融合发展，更好地满足学校外语教学课程改革所需。

六、构建可持续发展的生态型课堂

生态型课堂需要把课堂教学当作是微观的生态环境，通过生态学原理深入探索影响生态环境快速发展的重要因素，需要将课堂教学当作是开放、良性循环、可持续发展的生态系统。从生态学的角度来讲，处于相同的生态系统，一个物种的进化与发展肯定会导致整体生态环境的转变，这种相互适应、同时进化的特点被叫作协变性。实施外语课堂教学过程中，教师与学生是核心生态因子可以实现协同进化，同时发展，需搭建出自由平等、互利共赢的师生关系，保证学生通过轻松惬意的方式学习，最终达成自身的可持续发展。搭建生态课堂的重中之重是采用科学的教学方法。

（一）思维开放教学法

思维开放教学法通常指学生面对一部分开放性问题，并不会被书本正确答案和教师讲解约束，而是会站在自身的思维角度思考出结果或解题方法。这种教学法提倡学生将掌握的知识融会贯通，有效利用创新思维与自我探索获取到解决问题的方法。

（二）情景模拟教学法

通常指教师教学过程中，以教学主题为基础设计出契合生活或工作的情景，使得学生通过情景模拟开展真实的语言活动，重点涉及口头交流、文字记录。学生通过情景模拟的方式锻炼语言，逐渐滋生出心理层面的共鸣与思想层面的交流，锻炼学生独立自主思考问题的能力，最终让教学效果大幅度提升。

（三）实习探索教学法

在学习新知识或遭遇专业领域困境时，教师作为旁观者，督促学生依靠自身的能力寻求解决困境的方法，有效运用实习、实训等方式来增强他们解决真实问题的能力，进一步锻炼他们的创造力与拓展思维，倡导学生脱离校园的保护，清楚认知到社会对外语人才的需求。充分运用社会服务、社会活动来锻炼学生敢于承担社会责任的能力，提前让他们体验职场生活。进行教学时，需熟练使用渗透法、迁移法来带动学生，为他们提供挖掘自身潜力的机会，加大力度培养学生多元思考、综合判断、解决问题的能力。提倡学生大胆发挥想象力，倡导学生的创新精神，为学生塑造出良好的创新理念。

搭建生态课堂需要对学生间的合作学习给予足够重视，推动不同生态位与相同生态位学生之间的友好竞争与协同进化。外语课堂需要将合作学习当作重要前提，需通过小组的方式进行课堂活动，提倡所有学生主动参与，持续提升各小组内成员之间的团队协作意识，进一步提高各组成员之间的竞争意识。逐步将被动参加课堂活动演变为主动参加，进一步培养学生的社交与沟通能力，最终让学生在轻松愉悦的氛围中完成知识的学习和能力的培养。

七、合理制订外语人才培养方案

经济全球化进程愈加深入，对于外语人才的要求越来越高，不仅仅熟练掌握外语专业知识，还需要掌握专业技能。所以，培养外语复合型人才需要重视方法、能力和素质。第一、二学期的主要任务是务实基础，学生需认真学习英语的听、说、读、写、译等基本技能。在熟练掌握"听、说"技能之后，需着重培养学生的实践能力。第三学期逐渐进入高级阶段，需增添专业方向课程，进一步完善学生的知识结构与能力结构，进而能够满足社会的真实需求。同时通过新型研究成果来拓展教学内容，让学生充分掌握专业前沿的知识。持续优化培养模式，提升学生的综合素养、创新精神与实践能力。

现如今，需依据各个教学阶段提供专业的英语课程和经贸、函电等选修课程，进一步完善课程结构。将学生培养成满足社会真正需求的高质量人才，有效运用手机、网络和多媒体等高新教学方法。不断加强口语训练和实践教学。加大力度外聘专家、教授和学者来校讲座，从根本上提高教学质量。

八、注重科研和产学研结合

从产学研合作层面来讲，需积极主动和外语专业企业建交，携手共创实习实训基地，充分分析企业特点，进一步完善合作内容，最终发展成多层次、多种类的校企合作平台。高薪聘用企业专家与客座教师开展学校教育，在教学过程中需要逐渐把企业的信息资源、技术和专业要求融入教学内容中。携手企业技术骨干共同编制出较为完善的人才培养方案与课程，带动学生实习实训，实施人才评价等。始终将培养复合型人才当作根本目标，将培养综合能力当作导向，代入行业标准，开设具备行业特点的复合型课程。依据实际情况搭建"校企双向融合"的"双能型"教学团队，一方面让骨干教师进入企业积累实践经验；另一方面积极引进先进技术和管理人员，为高校培养人才提供宝贵的意见，持续增强学校教师团队的能力。利用企业设备在校园中搭建共享工作室，有效运用企业资源，成功达成校企共享实践教学基地，真正实现学生在校园中就能够积累到丰富的实践经验，最终培养出高质量复合型外语人才。

第五章 复合型外语专业人才培养的展望

第一节 复合型外语人才培养改革举措

改革是发展的原动力。发展文化产业，培养复合型外语人才，依赖于有效的改革。在全球化背景下实现文化产业的跨越式发展，提升人才培养的新高度，必须有一批具有战略眼光的改革家，从各个层面改革不合理的因素。加快改革步伐，建立长效的改革机制，创新人才培养体系，加大改革力度，促进学科发展。我们注意到，文化产业的振兴已经为复合型外语人才的培养搭建了平台，我们应当发挥改革的作用，正确改革、恰当改革、适度改革、合理改革、有效改革，变体制优势为改革优势。

一、课程体系

高校应当结合外语和文化产业教育的实际，为学生开设既丰富又实用的课程。针对不同的复合专业，设置不同的人才培养层次，通过灵活的课程，建立不同阶段、不同复合专业的人才培养课程。

外语专业主动适应文化产业国际化的新趋向，调整和完善课程设置与安排，在确保以外语为中心的前提下，增设文化产业国际化专业课程，逐步促使复合型外语人才培养方向的转变，真正实现外语专业教育由单科课程转变为多科性课程，加强课程建设，将外语专业与文化产业国际化这一领域相结合，必须要对现有的课程进行梳理，对课程种类、课程结构、授课时数、授课方式等进行调整和改革，在教学中正确处理好外语和跨学科专业方向之间的关系，将"一专"和"多能"结合起来，改进课程设置的形式，提高教学的质量。课程设置与授课方式、教学手段等，都要体现外语与文化产业相结合的专业特色，严把课程设置关，实现真正的复合型教育教学，培养优质的外语人才。优化课程设置、合理教学、改进教学手段，并且要按照专业方向设置相关的复合课程。在保证外语专业课程总学时基本不变的情况下，要增加文化产业国际化的相关课程，必须合理调整现有的课程体系，尤其是过时的、陈旧的知识。课程设置要打破专业和院校之间的壁垒，为学生提供更多自主选课的机会。此外，课程的设置应当打破学科之间、学院之间，以及高校之间的界限，鼓励学生根据自己的兴趣和特长自主选课。学科、学院、高校之间实行资源共享，互相利用优质资源，促进彼此间的渗透，开设能够激发学生积极性和主动性的课程，培养跨学科的创新型人才。我们认为，可以从以下几个方面进行课程设置和课程改革。

（一）中国语言和文化类课程

只有精通了中国的语言和文化，复合型外语人才才能够对外传播中国的文化。长久以来，中国语言和文化类课程在外语专业课程中都是一大薄弱环节。几乎很少有外语专业开设此类课程，这也正是造成外语专业学生不会说中国话和中国文化"失语症"的主要原因之一。要进行课程体系改革，首先就要对中西语言和文化类课程之间进行一次大的革新。

1. 中国语言

在当前英语媒体垄断全球传媒市场，广大发展中国家文化入超严重的现状下，英语文化正在侵入其他民族语言的文化领地。全世界6 800多个语种中有40%的语种所代表的文化正面临着生存危机。语言消失了，文化也就失去了载体。

在文化产业国际化的社会背景下，复合型外语人才的培养应当十分重视中国语言的学习。正如前文所指出的那样，高校外语教学中普遍存在的问题就是"中国文化失语症"。事实上，中国语言的陌生化是外语人才培养中的突出问题。推动中国文化走向世界，首先就要掌握中国的语言，只有掌握了中国语言，才能把握文化的精髓；只有掌握了中国语言，才能更准确地向世界传播中国文化；最为重要的是，中国语言本身就在文化领域中占据重要地位，是中国文化的重要组成部分。语言表达苍白无力，势必会影响文化的国际表达。在文化产业国际化的今天，为了更好地让中国文化走出去，势必要让中国的语言走向世界。外国人首先是通过中国的语言来了解中国的，因此复合型外语人才的培养也要着重学习中国语言。唯有如此，复合型外语人才才能做到了解中国文化、认识中国文化、理解中国文化、传播中国文化。

进一步推动文化产业国际化，中国语言的习得是不可或缺的。中国语言的掌握是我们向世界传达中国声音的必备工具，通过语言的传播，能够架起一座中外文化交流的桥梁。

2. 中国文化

母语文化是外语文化教学中的重要组成部分。目的语文化教学要求以母语文化教学作为比较的基础，外语教学同时肩负着本国文化的输出和培养人的素质的责任，母语以及母语文化的正迁移作用不容忽视。对我国高校英语专业的学生开设中国文化课程是为了让所有英语专业的学生认识到学习英语的目的不再只是为了目标语文化的单导向，而是为了双语文化的交叉交际，所以，开设中国文化课程是培养复合型外语人才的重要环节之一。

（1）重点突出中国传统文化

中国作为世界五大文明古国之一，有着优良的文化传统。中国的传统文化在世界上有着极其重要的价值。儒家文化作为中华传统文化的根源，是社会建设中重要的指南针，不仅对于我国和谐社会的构建，而且对于和谐世界的构建都具有不可替代的作用。1988年初，75位诺贝尔奖获奖者在巴黎召开会议，发表宣言说，人类要在21世纪生存下去，必须回到两千五百年前，从孔子那儿重新寻找智慧。[①]

中国文化类课程在外语人才培养中也是必不可少的。切不可认为，外语专业不必开设中国文化类课程。正如本书始终强调的那样，中国文化是中国优秀的传统文化，是中国文化最深厚的文化底蕴，是中华民族伟大复兴的突出优势，是我国文化软实力的根基，是形成中国文化魅力的重要源泉。文化的繁荣，民族素质的提高，都依赖于传统文化的传承和传播。例如，在英语专业教学中，就有专家强调开设中国文化类课程。英语专业应该逐步建设用英语讲授的一系列有质量的人文通识课程，还可以用中文或英文开设中华文化史、中华文明经典导读、中国艺术赏析、中国古典文学等课程。这些建议将复合型人才培养大纲的前两个模块落到了实处，尤其是增加中文文学艺术鉴赏的课程，有利于传承我国优秀的传统和文化。在对外文化交流中，一方面要防止中华传统文化在现代化进程中出现萎缩；另一方面，应积极响应"走出去"的号召，开展对外交流活动，展现我国"文化大国"的魅力，凝聚力量，提升软实力，承担发展世界各国文化的社会责任。

[①] 慈建华. 浅析高校复合型外语人才培养策略[J]. 潍坊学院学报，2017，17（4）：87–88.

（2）囊括中国民间文化

对外文化交流既是政府职责，又是社会性活动。在发挥政府机构在文化交流中的主体作用的同时，发挥社会文化团体和民间文化组织的作用，对于挖掘对外文化交流资源、拓展对外文化交流渠道，具有重要意义。中国民间文化在各级领导部门的支持和指导下，开展了许多对外交流活动。各国民间文化之间的交流与合作，有利于增进各国人民之间的友谊，加深理解和沟通，互通有无。我国民间文化对外交流与合作涉及表演、手工艺、服装、文艺等。坚持可持续发展原则，保护和发展民间文化，培养民间文化传承人，对于保护濒临失传的民间文化十分有益。我国的民间文化丰富多彩，起居、饮食、手工制作等，存在着多种艺术形式，应当广为流传和推广。在河北，剪纸、杂技、说唱、皮影、吹糖人等，如此丰富多彩。如果能够加以传播，会增加中华文化的影响力。

复合型外语人才的培养，应当加大对民间工艺的挖掘和开发力度，研究民间文化，将其编纂成教材，进一步推广民间文化，甚至可以结合高校当地存在的民间艺术，开发地方课程或者校本课程。将民间艺人吸纳到学校师资队伍中去，大力发展民间文化，壮大民间文化的实力，扶持民间艺人，保护民间艺术，鼓励和促进民间文化的传承和发展。加强民间文化人才队伍建设，并将之融入高校师资队伍中，充分发挥其在复合型外语人才培养中的作用。鼓励和吸纳优秀的民间文化人才到高校工作，切实提高他们的业务水平和文化素质，也是十分必要的。在复合型外语人才培养过程中，可开设一些民间艺术课程，供感兴趣的学生选择，并且在民间文化人才的指导下，制订文化传播计划，确定传播方案，采取对外文化交流措施，进一步提升民间文化的国际影响力。总之，民间文化是文化产业发展的一支重要力量，在文化对外传播中扮演着重要的角色。复合型外语人才的培养也应当着力挖掘民间文化资源，提升人才的素质。

（3）凸显区域文化优势

文化产业发展既具有共同的特征，又具有区域特色。由于地域经济文化发展差异，我国的文化产业发展也呈现出区域差异性。只有发挥区域优势，突出区域特色，才能真正实现文化产业的升级。对文化创意产业的关注，将越来越多的行业卷入文化产业的发展，开辟了产业发展的多种路径，对于制定差异化的区域发展战略，形成分工合理、优势互补、具有鲜明特色的区域产业结构大有好处。我国是一个经济发展极不平衡的国家，发展文化产业应该适应不同地区的客观条件。

区域竞争理论认为，以高等教育为源泉的"国民素质与科学技术"是提升区域竞争力的核心要素。孙俊豪在《复合型外语人才培养对河南经济发展的促进作用分析》一文中，从政府和企业决策、人力支持、服务社会和服务"三农"、加快河南文化产业发展等方面，论述了复合型外语人才对河南经济发展的促进作用。

区域文化是文化产业发展的巨大推动力，也是重要而又便捷的文化资源，能够为文化的对外交流提供精神支持，是区域经济发展的强大动力和坚实的后盾。

区域文化产业发展必然导致区域文化增长方式的竞争，文化创新能力的竞争决定了区域文化产业竞争的最后格局的形成。文化产业的迅速发展可以升级与重塑地区文化资源，提升各处文化资源的历史和艺术吸引力，进而吸引更多的参观者；还可以提升地区形象，吸引高层次的投资者和高素质的劳动者，促进该地区的增长。我们以山东省为例，泰山、孔府、孔庙、孔林、趵突泉等，都是著名的文化旅游胜地，也是区域经济发展的助推力。同时，在浓厚的文化氛围中，也促进了高校的发展，如曲阜师范大学历史文化学院，是研究儒家经典文化的基地。世界儒学大会在曲阜举行，势必会为高校的发展注入新鲜的血液。然而，笔者认为，美中不足的是，复合型外语人才的培养依然是无法真正与区域文化相结合的。如果当地的高校能够充分挖掘其资源优势，将文化潜能的开发与复合型外语人才的培养相结合，势必会推动区域文化更好地被世界认识和理解。区域发展为人才培养提供便利的条件和发展空间。我们以河北省文化产业"地方戏"的路径选择为参照，也可以得到一些启发。河北省按照"培育龙头、形成产业、壮大规模、延长链条、提升效益"的要求，推进民俗文化、现代传媒、演艺娱乐、印装出版、文化市场、动漫游戏等六大产业板块突破性发展，并且结合区域优势，打造旅游品牌，这不无凸显区域的重要影响力。这都为复合型外语人才的培养提供了经验和参考，既是发展文化产业的路径选择，也是复合型外语人才培养的战略决策。充分利用本地文化资源，为复合型外语人才的培养提供平台和机遇，开发、创造、传播独具特色的本地文化，表达区域人文精神和思想形成区域文化凝聚力，也是在全球化的趋势下推动本土文化发展的需要。总而言之，复合型外语人才的培养一定要树立危机意识，借助区域文化资源优势，提升区域文化内涵。

复合型外语人才的培养应切合区域文化特色优势，突出区域文化优势和人才培养特色，具有独特的国际视野，以服务社会为己任，提高人才的创新能力和实践能力，扩大区域的知名度和影响力，从而扩充高校人才培养的辐射范围，形成独具特色的人才培养模式。应在区域范围内创建文化产业园区,充分利用当地资源,通过挖掘区域资源优势,结合传统文化特色,加入现代元素,精心打造创意文化产品,拉动区域增长,提升区域的竞争力。另外,以区域为导向,建立区域文化产业园区,发展区域特色文化产业,可以吸引人才,提供就业岗位,缓解就业压力。

我们可以借鉴韩国的人才培养经验。在韩国,高校会依托自身的优势,结合区域经济发展的特点,建立文化产业园区。总之,我们应结合区域发展优势,挖掘文化潜能,发展区域特色文化,推动经济发展,以促进区域经济和文化的共同发展。区域优势为人才培养提供现实依据和实践的场所,加速了产学研相结合的步伐。另外,科研成果可以得到验证,转化为现实所需要的文化产品。在推动区域发展的同时,为高校提供人才培训与培养的基地,这不失为双赢的举措,也是复合型外语人才培养的重要举措。

(4) 开发区域特色文化,培育新型课程

中国地大物博,有56个民族,各区域必然具备其文化特色。可将其开发出来,立足区域,放眼全球,面向国际市场,打造具有绝对优势的新兴产业,并向国际化的文化产业进行纵深延伸,以特色文化和特色产品为纽带,形成全新的产业模式,促进区域特色文化产业的发展。同时可在此基础上进行归纳总结和研究,开发和培养新型课程,培养更多优秀的人才。依托区域特色,发展优势培育新型课程,需要创意和灵感,这离不开文化产业专家、高校师生和各界人士的努力——将区域特色文化优势发挥出来,并将其打造成新型课程。

(二) 实践课程

复合型外语人才的培养十分重视学生的实践能力,其目的是要培养应用型人才。因此,实践课程是课程设置中必不可少的环节,也是不容忽视的,是不能流于形式的。理论与实践相结合,是复合型外语人才培养的基本途径之一。实践课程应当合理地、有层次地实施,并且应当采取课堂教学、见习、实习、实验室情景模拟、文化创意设计大赛、校企合作等形式,逐步引导学生进入工作环境。在实践中帮助学生认识问题、学习知识、提高能力,是复合型外语人才培养的重要途径。建立实践考察培养模式,帮助学生在实践中积累经验,认识国内外文化产业发展现状,实地考察,在实践中学习经验,感受文化的魅力,提高创新能力。此外,复合型外语人才的培养在实践教学中还不能仅仅停留在国内或者区域内,有条件的还可以鼓励学生走出国门,到国外发达的文化产业园学习经验,掌握文化产业的管理技术,认识中外文化差异。复合型外语人才所承担的重要任务之一就是进行中外文化交流。跨国、跨文化实地考察教学，有利于他们学习异国文化，掌握外国人的文化消费心理和消费习惯，并且习得先进的文化理念，提升自身的素养，从而促进中华文化的对外传播。我们认为，实践课程改革离不开教材的改革，实践课程教材应当从整体设计上注重学生的实践能力，从提供知识，再到布置课外活动任务等各个方面，都应力争做到提高学生的实践技能。如以旅游管理方向的实践课程为例，实践课离不开课堂教学。在课堂教学过程中，应当加大对学生的知识的灌输力度，着重强调实践中十分有用的知识，开设的课程中应当包括真实的导游、管理等视、听、说俱全的课程，让学生在真实的环境中领略知识。再者，应当为学生提供实习和见习的岗位和场地，建立校企合作培养机制，并将其纳入对学生的考核评价中。另外，可举办多种多样的导游大赛等创意活动，激发学生的创新热情，开启他们的创新意识，提高其创新能力。我们再以商务英语专业为例，该专业可以开设以下实践课程：市场营销、国际贸易谈判、商务谈判平台、应用文写作、外贸函电等，要求学生模拟真实的商务谈判和市场营销，即谈判交易条件、宣传和推销产品、签订买卖合同。学生通过真实情景的模拟，进行角色扮演或者虚拟操作，真切感受谈判和营销的各个环节及流程。

此外，学校应当丰富实践类课程。实践类课程不仅依赖于校内的课程，而且还依托于课外教育。从课程设置上来说，口译、笔译等，均属实践类课程，是可在课堂上完成的。然而，我们还必须丰富课外实践类课程，如创办外语协会、第二课堂、课外网络教育体系等，都能够鼓励学生发挥积极性和主动性。校内教育＋校外教育，将外语专业学生所学的理论知识与实践能力的培养对接，建立立体化的实践类课程体系，在实践中培养出创新型外语人才。[①]实践教学也应当走出国门，拓宽学生的人文视野。通过到国外进行实地考察和学习，帮助学生熟悉国外的文化市场，了解国外的文化受众群体，从而策划我国文化"走出去"策略。这样的教学环节对于培养一批人文视野开阔、业务素质精干的复合型外语人才是必不可少的。

（三）综合类课程

外语专业学生知识面窄，人文教育不足，非专业课程和通识教育尚未受到重视。由此一来，学生的文化底蕴比较薄弱。我们之所以倡导外语专业要开设综合类课程，就是要弥补对于复合型人才而言，缺少综合类知识，"学生毕业后能成为专业技术人员，但很难成为具有开外

---

① 曾淑玲. 美国高等院校复合型外语人才培养的经验及启示[J]. 安阳工学院学报，2017，16（5）：126-128.

语专业知识结构狭窄这一劣势。很多外语专业毕业生除了外语，对别的知识知之甚少。创性的'大家'"。综合类课程的设置，应做到科学教育和人文教育相融合，提高人才的综合素质，以培养学生的科学精神和人文素质为目标，走"宽口径"培养路子，将学生打造成精通外语、擅长复合专业、通晓各类知识的专才、通才。

综合类课程是培养学生的综合思维能力、丰富学生的知识的源泉。没有综合类课程，也就缺少提供综合类知识的主要途径。没有知识的积累，也就没有智力的发展和能力的提高。而且，唯有知识的积累才能够促使能力的提高。笔者认为，丰富的综合类知识为学生创造性思维的培养提供了可能和条件，只有将知识内化为能力，学生才能触类旁通举一反三。

综合类课程包括公共必修课、专业必修课和公共选修课、专业选修课。课程综合化具有层次性。在为复合型人才打基础的层次上，应体现为自然科学与人文社会学科的基础知识的综合。在形成复合型人才特殊的专门能力的层次上，可体现为两种或两种以上的跨学科课程的综合。此外，还可利用综合学科来开设综合课程，或者利用多学科的交叉点，或能渗透多门学科的大概念来创设综合课程。笔者认为，这一观点，恰恰为复合型外语专业综合类课程的设置指明了方向。开设综合类课程，其目的不只是要对学生进行通识教育，促进学生的全面发展，使学生成为通才，而且还要促进学生跨学科专业知识和技能的提升，使其成为专才。对于文化产业国际化方向的外语人才培养而言，综合类课程主要包括公共必修课，如毛泽东思想概论、邓小平理论、法律基础等。专业必修课就是根据各个院校的人才培养方案确定的外语专业课程和文化产业专业方向课程，如外国语言文学类课程、跨文化交际课程、文化产业管理课程、中西文化概论等课程。公共选修课是指学校开设的公共选修课。专业选修课包括专业方向课程，是可以帮助学生拓展专业方向知识的课程，是学生根据自己的专业方向和学习兴趣自主选择的课程，如民间艺术类课程、希腊罗马神话等课程。此外，综合类课程还包括政治、经济、科技等多方面知识，即百科知识。尤其是对于复合型外语人才的培养来说，我国与国际文化交流呈现多元化的趋势，如政治、科技、军事、教育等各个层面。这对外语专业人才培养提出了更多、更高的要求。外语专业学生不仅要精通外语，还应当掌握渊博的知识，不仅要成为通用型人才，还应当成为具有一技之长的专业人才。总之，综合类知识对于外语人才的培养是非常重要的。笔者认为，这类课程可以以选修课的形式出现。综合类知识是为丰富学生的知识面、扩大学生的视野而设置的。此类知识是当今社会所需要的，外语专业学生同样也需要用这些知识来武装自己、丰富自己、提高自己。正如培根所说："读史使人明智；读诗使人灵秀；数学使人周密；科学使人深刻；伦理使人庄重；逻辑使人善辩。"培根的这句至理名言，也需用到外语人才的培养中去。

（四）课程体系改革注重大学生职业能力的教育

课程体系改革必须依照市场发展的趋势，满足社会发展的需求，努力培养德、智、体全面发展的人才，使其熟练掌握文化产业国际化方面的理论知识和技能，具备熟练运用文化知识，从事国内、国际文化产业贸易工作的能力。这就意味着，课程体系的改革应当注重学生职业能力方面的教育。此外，职业能力还与人们的道德素质有关。一个合格的工作人员，应当注重自身的修养，树立正确、合理的观念，具备无私奉献的精神，以及良好地运用知识的能力。总之，课程体系的改革应适应专业改革的方向。通过课程改革，应帮助学生发展职业能力，强化竞争意识，提高学生的道德素质，为学生未来的发展搭建平台。

二、教材改革体系

教材是教学的媒体，是教学内容和信息的重要载体，承载着传授知识的重任。教材改革应当最大限度地满足学科发展的需要，最大限度地实现人才培养的目标。以文化产业国际化为平台，以教材改革为突破口，推动教材改革创新，培养创意人才。教材改革应围绕以下方面进行：

首先，教材改革须符合课程标准的要求。虽然课程标准不是硬性的，但是，对于教材的改革起着引导和指引的作用。教材改革不能离开课程标准，课程标准是改革围绕的核心。

其次，教材改革应着重围绕学生创新能力的培养展开，最大限度地满足专业发展的需求，引导教师和学生进行创新，而不是禁锢师生的思想。教材的内容不是"法定"的，而是"开放"的。教材不仅要进行理论创新，还要有实践上的突破，注重学生创新能力和实践能力的培养。

再次，教材改革应突出强调教材的形式须实现多样化。当今社会，教材已不再仅仅是纸质的，而是音像、图书、网络资源等多种形式。教材改革必须借助现代化的技术手段，实现多样化、丰富化和趣味化。

最后，教材改革应当凸显学科优势，开发经典教材。本书中所说的复合型外语人才是在文化产业国际化背景下进行培养的。教材必须密切结合"外语+X"这一专业特点，突出"X"的学科特点，符合学科发展规律，帮助学生掌握理论知识，提高实践技能。教材改革为教学服务，为学科发展服务，致力于人才素质的提高，以有利于学生、学科和社会的发展为宗旨。

总之，教材改革应围绕课程标准展开，正确定位，明确学科发展的需求，正确把握社会发展趋势，促进学科内知识的综合和整合，实现跨学科之间的有效衔接，最大限度地为学生和社会发展服务。教材以丰富多样的形式出现，易于被学生接受，使学生成为真正的学习主体，启发他们的心智，挖掘他们的潜能，培养他们的创新意识和创新精神，提高他们的综合素养。教材应突出学科特色，开发经典教材，着力培养有特色的人才。

三、评价体系

评价体系是衡量人才质量的重要手段。科学的评价标准，直接关系到人才培养的方法和质量，对于人才队伍的培养具有导向的作用。对于高校毕业生的评价，主要是通过校内评价和校外评价来实施的。校内评价是高校对学生的学业、技能、思想道德修养等的综合评价；而校外评价则是社会对人才质量的评价，主要是依据学生能否适应岗位的需求、能否顺利完成工作、能否与他人合作、能否创造性地工作等。对于大学生的评价，须将校内和校外的评价相结合，才能客观反映出人才培养的质量。只有这样，才能衡量学生的综合素质和能力，促使高等院校进行改革；也只有这样，才能检验高校的人才培养目标是否能够实现，以及高校培养出来的人才对社会的适应程度。

要建立和完善人才评价体系，提高人才评价标准的准确性和科学性，建立完善的复合型人才评价指标体系，促进人才的专业化和职业化。要积极探索以学业成绩、品德、能力等构成的人才评价指标体系，建立学校专业素质评价+校外综合实践评价+艺术造诣评价+综合能力评价为核心指标的评价体系，形成"学校专业素质评价+校外文化产业评价+生生互评+自评"的评价机制。总之，要构建弹性制、多元化的评价体系，既具有普遍性，又具有特殊性；既具有专业性，又具有技能性；既定性，又定量；既能准确反映学生某一阶段的学业成就，又能形成一个系统，描述学生的成长变化。

（一）评价体系要遵循人的全面发展的规律，以人为本

培养全面发展的人是当今教育的主要任务。人的全面发展是指人的各方面的全面发展，是

人的智力、体力、才能、志趣、情感、态度和道德品质等的全面、和谐发展。长久以来，外语专业教育对学生的评价存在一定的弊端，往往注重学生智力的发展，而忽视其他方面。首先，评价体系的构建应当符合学生全面发展的要求，以人为本，体现人才的培养目标，构建一个全面评价学生的指标体系。加德纳提出的人的智力多元理论，为我们制定一套合理的评价体系奠定了基础。其中，要有一套准确反映学生学业成绩的体系。学生是学习的人，必须要有一套能够反映出他们学习状况的评价指标。这样的评价指标不仅要包含传统的考试成绩，还应当包含学生的实践能力、创新能力、合作能力、解决问题的能力、研究能力，以及学生的学习态度、道德情感等。这就要求我们打破以往的终结性评价的瓶颈，建立形成性评价和终结性评价相结合的评价体系。

社会的发展对人才素质的要求发生了很大的变化。学生是全面发展的人，通过高校教育，学会学习、生活、求知、审美，以及实现自我。他们应当促进自身的全面、和谐发展，成为社会的主体。复合型外语人才培养评价体系的制定也须符合人的身心发展的规律，能够体现出实现人的全面发展的人才培养目标。正确把握学生全面发展的主方向，通过实施素质教育，使每一个学生都得到和谐、科学的发展。坚持以人为本的教育思想，构建平等、和谐的师生关系，优化教学环境，激发学生的创造力；注重个体之间的差异，有针对性地实施教育、教学活动，协调好部分与整体之间的关系；尊重学生的人格和情感，与学生和平相处，增强他们的民主意识，提高他们的参与度；培养学生正确的价值观、人生观，培养他们的社会感。人的发展是全面的，不是单方面的。应对学生进行多维度评价，全面促进学生素质的提升，深入挖掘他们的潜能，帮助他们成为国家的栋梁。

（二）实施多元化的评价体系

评价体系的构建要结合复合专业的特点和发展趋势来制定。加德纳多元智能理论告诉我们，人的智力结构是不平衡的，每个人的智力都有其独特性。多元智能理论认为，人的智力结构是开放的、多维的，每个人都有自己的优势领域和弱势领域，每个人的智力结构都呈现出个体化和差异化。因此，对于学生的评价，应当根据每一个学生自身的特点，做到因材施教、扬长避短，充分挖掘学生的潜能，挖掘其优势领域，帮助他们得到最好的发展。要特别注意的是，要从多个维度评价学生，切不可"一刀切"，以考试成绩论成败。

多元化评价体系的构建，应当借鉴当今学术界各种先进的理论成果和实践经验，改进评价的手段和方法，丰富评价的内容，实现评价主体多元化、评价内容多样化、评价手段现代化。新型评价体系的引进与使用，会在复合型外语人才的培养中产生积极的影响，建立科学、客观、先进、多元的评价体系，是高校人才培养的重要内容之一。

复合型外语人才评价指标体系的特殊之处在于，它必须有一套完善的、能够衡量学生外语知识和能力的评价规则和基本标准，还应当有一套较为合理的复合专业评价体系。外语能力是根本，复合专业知识和能力是枝叶。二者既相互统一，又有所区别。对学生的评价不可以将外语和复合专业割裂开来，但同时又不能不加以区分，盲目"一刀切"。外语和复合专业是两个既独立又统一的整体评价标准。

评价主体和评价方法都应当多元化。多元化评价体系的构建，还应当包括校内与校外评价的交叉、融合。校内评价是学校对学生的综合评价，是突出反映学生各方面能力与学校人才培养目标的适应度的评价，如课堂评价、期末评价、道德评价等；校内评价是教师评价、学生互评、学生自我评价等多种形式的评价。校外评价是对学生在实习、见习、就业、创业等活动中表现出来的各方面的素质和能力，是学生与社会需求的适应度的评价。校外评价不仅是对学生在社会上的表现的评价，而且是对高校人才培养质量的反映。它能帮助高校进行人才培养方面的改革，是高校发展进步的动力。正确处理好校内与校外评价之间的关系，是高校提高人才培养质量、人才满足社会需求的重要措施。[①]

（三）评价体系应当处理好外语和复合专业之间的关系，突出复合专业特色

复合型人才的培养注重学科之间的联系和融合，注重学生综合能力的提高，这就需要解决好外语和复合专业之间的关系。这二者之间的关系不是简单地相加，而是能够互相交融、互相借鉴、取长补短。只有这样，才能有助于学生创造性思维的发展，以及综合能力的形成和提高。外语和复合专业是有机的交叉和融合，两者之间的结合是为了实现"1+1>2"的教学目的。对于复合型外语专业学生的评价，必须要正确处理外语与复合专业之间的关系。单单重视外语，会失去复合的意义；仅仅重视复合专业，会削弱外语的核心地位。只有正确处理好二者之间的关系，才能使他们得到长足的发展。

[①] 薛雨."一带一路"背景下地方院校复合型外语人才培养模式及实践研究[J].文教资料，2017（27）：106-108.

评价体系的构建应当具有针对性，突出复合专业的特色。对于复合型外语人才的培养，应当注重引导和发展学生的复合专业能力。复合专业之间存在着差异，尤其是随着经济和社会的发展，对复合专业的要求也会有所变化，评价体系的构建，应当根据复合专业的特点，实行差异化评价。我们认为，以复合专业特色为主线，对不同的复合专业实施不同的评价手段，才能增强复合专业的竞争力，培养有特色的人才，客观反映学生的素质与能力，提高复合专业的教育质量。

（四）终结性评价和形成性评价相结合

终结性评价，即总结性评价，是在一个教学阶段结束时进行的评价，如期末考试和水平考试等。它主要是以考试的形式来评定学生的学习能力、教学质量。这一评价方式是外语专业对学生能力、教学质量进行检验的主要手段。它在我国各科教学评价中存在了很多年，是评价的主要手段之一。终结性评价强调的是学生的学习结果，而较少关注学生学习的过程。因此，我们可以说，终结性评价是一个静态的评价手段。它不能反映出学生的思维过程、情感态度的变化，反而会抑制学生思维力和创造力的发挥。尽管如此，我们不能完全摒弃终结性评价。它有它自身的缺点，但也有优点。

20世纪90年代后期，形成性评价开始受到重视。形成性评价是指在教育活动中，通过"形成"的过程，对学生的知识、能力和态度的形成、发展过程进行监控和评价。它又被称为是过程性评价，是在教学方案、教学活动等的实施过程中进行的评价。它可以有效地调整教学内容，改善学生的学习行为。实施形成性评价的主要目的就是，促使教师和学生及时获得反馈信息，改革教学内容、改进教学方法、提高教学质量。它是一个动态的考核评价手段，可以反映出学生成长发展的过程。例如，形成性评价会帮助教师对学生的参与度、合作能力、思维能力、情感和态度形成客观的评价。此外，形成性评价还能够反映出学生的个性化差异，从而监督和调整个体学习的过程，对其进行有区别、有针对性的指导，弥补了"一刀切"的不足。形成性评价有利于激励和引导学生，提高教学的效率和质量，培养学生的自主探究能力。

终结性评价和形成性评价各有利弊。只有将二者结合起来，处理好它们之间的关系，才能科学、合理地进行评价。

（五）评价与创新相结合

复合型人才的评价内容是取决于社会对复合型人才的需要，随着社会不断进步，对复合型人才的要求也在不断更新。对复合型人才的评价，必须与时俱进。评价的内容、方法、标准和维度，都能够反映出社会的要求，代表时代的声音。复合型外语人才必须是创新型人才，这在前文中已有所论述。对他们进行评价，还应当着重考虑他们是否具有创新能力，创新能力有多强等。评价与创新相结合，才能够确保人才培养的质量。

四、就业与创业相结合的职业指导体系

随着我国工业化进程的加快，特别是市场经济体制的确立，学校教育与就业之间、学生学习与职业选择之间的关系日益密切。为适应市场经济体制需要而进行的教育体制改革打破了传统的统包统分的就业格局，唤起了学生参与职业选择和社会生活的主体意识，然而，由于缺乏系统的职业知识教育和指导，不少学生在个人择业与岗位择人的互动过程中无所适从，迫切地需要得到学校教育的指导。环境的变化，就业政策的改革，迫切需要毕业生更新就业观念，提高就业技能，尽快适应社会的发展。必要的学校职业指导是帮助他们在毕业后尽快找到适合自己的工作的有效途径。

全球化速度的加快，国家之间的交流日益频繁，这都需要外语人才。然而，社会的发展对外语专业毕业生提出了更高、更严格的要求，单纯的外语专业毕业生已不再满足社会发展的需求。这就是说，要培养复合型外语人才。随着社会要求的提高，以及近些年高校外语专业扩招等，外语专业毕业生出现了就业难的情况，而且愈演愈烈。如何解决这一难题，帮助学生找到一份满意的工作，服务于社会，这是就业体系改革面临的最大问题之一。

文化产业属于朝阳产业，具有极大的潜力，吸收就业能力强。作为高校，应当在政府的领导和指导下，与社会密切结合，在学校为学生提供更多的就业指导，为学生提供创业的平台。高校通过学校教育、对外交流、实践、培训等，为学生规划未来的职业蓝图，并对他们进行创业教育，以此来帮助学生适应未来社会的发展，为他们的就业和创业打下基础。

外语专业应当创建就业和创业相结合的指导体系，改变长期以来脱离社会和市场的现状，与其他学科的发展相结合，培养满足社会发展需求的、有特色复合型人才，营造良好的就业、创业教育环境和学习氛围，提高学生的职业能力，为毕业生的未来指明道路，建立起一套完善的就业和创业指导体系，将就业和创业教育贯穿于教学过程的始终，为外语专业毕业生顺利找到工作提供全方位、多层次的服务和指导。

我们应当在课程设置上对就业和创业指导方面的课程进行梳理和系统化，形成一套完整的就业、创业指导课程体系。高校可通过课程设置，以职场模拟、视频资料、经验交流座谈会、

主题讲座、模拟招聘、就业和创业能力大赛等形式，帮助学生熟悉当前的就业形势，为他们排忧解难。作为外语专业毕业生，应当在学校就业指导体系的引导下，充分发挥自己的专业特长，与市场需求相衔接，走出一条宽阔的职业道路。

（一）职业指导教育

职业规划在人才培养中十分重要，只有从一入学就为学生的职业前景进行规划，那么我们培养出来的人才才能顺应时代的潮流，熟悉行业的发展。复合型外语人才的培养应当十分重视学生的职业规划教育。我们可以借鉴国内外的成功经验，为学生开设职业规划课程，了解学生的兴趣爱好和特长，以及他们对未来职业的期待，通过各种各样的形式发展学生的能力，并对学生进行职业规划培训，提高他们的职业规划意识。职业指导教育可以分为低年级阶段和高年级阶段，低年级阶段帮助学生了解本专业就业现状；高年级阶段着重提高学生的职业能力，为他们提供就业信息和就业渠道，让学生通过参加实践，提高职业能力，是促使学生向"社会人"转变的重要内容，是顺利实现择业、就业、事业的可持续发展的途径。事实上，有意义的职业规划应当从以下几个方面着手。

1.职业意识的培养

职业意识是一种职业心理活动，是人的自我意识在职业选择领域的表现，是在职业定向与选择过程中对自身现状的认识，以及对未来职业的期待，它对大学生的择业态度和择业方式产生重要的影响。正确的职业意识是大学生未来择业的基础，能够为学生的未来就业保驾护航。然而，职业意识的缺失是高校人才培养的一大障碍。这是因为，我国高等院校对学生职业意识的培养是比较薄弱的。新中国成立后很长一段时期，我国都是实行包分配的政策，这就导致高校对学生职业意识培养的缺失，也造成了学生自己对职业意识的认识不足，由此造成了职业规划教育的先天不足。再后来，国家取消毕业包分配这一就业政策，学生在就业时往往出现功利化趋向。这也给当前的职业意识培养带来了麻烦。从入学的第一天开始，高校就应当为学生制订循序渐进的职业规划教育的具体方案。职业意识的培养涉及诸多方面。首先，应当培养学生的职业意识。大学生刚入学，往往对社会的认识不足，对未来的就业前景也比较茫然。作为高校，就应当为学生排除障碍，培养学生初步的职业意识，帮助他们减少未来职业生涯中的痛苦，促使他们尽早适应工作。此外，职业意识的培养还应当去功利化，培养学生的社会责任意识。

职业意识的培养就是要帮助学生实现社会化，通过自我认同，强化学生的社会角色，进而帮助其加深对职业的了解和认识。职业意识的培养是通过一系列的课程学习和技能操作实施的。在接受有关的教育之后，学生能够改变对职业认识模糊的现状，对未来的职业有了清晰的认识，明确了从事职业的社会性要求是什么，从而有意识地提高自身的素质和能力，朝着职业发展的需求和方向去努力。在教育的过程中，职业意识的培养应当着重激发学生对职业的兴趣，对职业发展趋势的把控和预测，以及对自身身心素质的提高。总之，职业意识的培养是促使个体胜任某项工作所做出的社会适应性努力，是实现学生自我价值的具体体现。

对于复合型外语专业学生而言，职业意识的培养就是要帮助他们加深对复合专业的分析和了解，促使他们顺利适应社会发展的需求，胜任文化产业方面的工作，能够正确把握职业发展趋势，提高自己的职业能力，塑造良好的职业形象，帮助学生在本职工作中实现自己的价值，促进自我发展。

2. 职业兴趣的激发

知之者不如好之者，好之者不如乐之者。兴趣是一个人从事某一行业、热爱工作的强大动力。兴趣是最好的老师。没有兴趣，就无法做好一项工作。在实践中，有些大学生专业能力和综合能力都很强，但是缺乏把"内功"正确表达、显露出来的途径和方式；有些学生只是专注于专业课学习，不了解自己的职业兴趣和职业潜能，难以准确定位自己的职业取向，不知道自己的具体优势可以让合适的单位选择自己。激发学生的兴趣，发挥他们的特长，是职业兴趣研究的重点。兴趣与职业之间存在着密切的关系。当某人对某一职业产生浓厚的兴趣时，他就会积极努力工作，而且更容易从职业中获得满足感、成就感和荣耀感。了解自己的职业兴趣，是个体择业时必须要明确的问题，也是影响职业发展的不可忽略的因素。只有明确了职业兴趣，大学生才能明确职业发展方向。在职业发展教育中，唯有了解了自己的职业兴趣，正确选择适合自己的职业，才能够胜任工作，明确职业发展方向。这样才能有效保证大学生未来择业与就业的稳定性。"人职匹配"，拥有浓厚的职业兴趣，是个人未来职业稳定发展的前提。当一个人对某种职业有了浓厚的兴趣，他就能更快地适应职业环境和角色，容易产生更多的职业投入，发挥个人的主动性和潜在的创造性，尽心尽力地做好工作，容易在相应的职业领域内获得成就，也更能保持工作的长期性和稳定性。激发学生的职业兴趣，就是激发学生的原动力，实现热爱工作、努力工作的目标和愿望。

3.职业道德的提升

对于任何一种职业而言，都要求从业者有较高的职业理想和职业道德。本书中所论述的复合型外语人才亦是如此。职业道德的培养在人才培养中具有不可替代的作用和独特的功能。各院校都应当确立职业道德在人才培养中的主导地位，确立符合自身实际的行业职业道德培养模式，加强对人才职业道德的教育和评价。

首先，应加大传统文化道德的教育力度，加强德育课程的开发和实施。传统文化道德是我国道德思想的主要来源，凝聚着中华几千年的文明思想，是我国人民世界观、人生观、价值观的导向牌。传统文化中蕴含着对世界、国家、他人、以及自身的态度和情感。在中国历史上，有着"人性本善""大爱无疆"的德行观，有着"天行健，君子以自强不息"的奋斗精神，有着"刚柔并济"的人格观，还有着"人生自古谁无死，留取丹心照汗青"的舍身精神，更有着"修身、齐家、治国、平天下"的和谐思想。传统文化道德在一代又一代炎黄子孙身上得到传播和继承，是衡量人们一言一行的主要标准。传统文化道德教育应当在课程设置上得到体现和印证，也应当在大学生的言行中进行渗透和灌输[①]。传统道德教育是大学生德育的主要内容之一，是其他德育工作的基础，是德育工作的主导。对于本书中专门论述的复合型外语人才而言，传统文化道德教育更是如此。他们熟悉传统文化道德，并承担着将其发扬光大的重任。我们应当鼓励和组织他们阅读传统文化道德书籍，倡导传统文化进课堂。用传统文化的道德精髓引导他们，塑造他们的健康心理和完美人格，树立爱岗、敬业、吃苦、耐劳、无私、奉献的思想观念，增强他们的职业道德观和责任心。

其次，应当对大学生进行社会主义核心价值观的教育。党的十八大将社会主义核心价值观概括为："富强、民主、文明、和谐、自由、平等、公正、法治、爱国、敬业、诚信、友善"，这是实现中国梦的精神动力。对当代的大学生进行社会主义核心价值观教育，是摒弃西方腐朽思想的侵蚀，弘扬社会主义核心道德观念的迫切需要。当代大学生当中存在着对西方盲目崇拜、个人价值观混乱、个性消极等不良思想，弘扬社会主义核心价值观，能够为他们进行正确的指导，为他们纠正人生道路中的错误，为他们的全面发展铺平道路。

[①] 姜红梅.会展经济与复合型外语人才培养的实证研究———以广东顺德为例[J].河北旅游职业学院学报，2018，23（1）：73-77.

最后，应创建符合院校、本专业、文化产业发展的职业道德培养模式，强化职业道德建设，树立正确的职业观。每个职业道德都有着独特性，这就要求我们对学生进行职业道德建设。在德育工作中，以传统美德为主要阵地，加大职业道德建设，通过专业学习、实训、模范带头等，熟悉本行业的行业道德。此外，模拟岗位的设置，帮助实施和践行职业道德，建立职业道德教育档案和个人成长档案。除了普遍使用的课程教材，有条件的高校可以尝试开发职业道德教育校本课程，将本地职业道德标兵的先进事迹和生动案例汇编成册，形成职业道德教育辅助读本，增强职业道德教育的针对性。要通过辅助读本，进一步丰富职业道德内容，学有榜样，赶有目标，进而增强职业道德教育的感染力和说服力。在职业道德建设中，要让学生熟悉职业规则和道德素养，培养他们独立思考问题、解决问题，以及与他人合作的能力，积累丰富的工作经验。

职业道德教育还应当重视学生的人格教育，提高学生的思想道德修养，帮助他们树立正确的人生观和价值观。事实上，良好的人格对于学生的发展是至关重要的。从当前的形势来看，学生的人格教育还是远远不够的。要成才先成人，良好的人格是成才的基础，要帮助学生培养爱岗敬业、自尊、自强、自信的人格。对学生人格的教育还体现在，帮助学生正确评价自我，认识自己的优缺点，正确认识自己与未来职业选择的关联。通过多维度的评价，形成正确的自我认识，并在此基础上完善自我、提高自我，为今后的就业打下良好的基础。

职业道德教育应当制度化、规范化，建立完善的组织机构，切实落实工作，并且还应当贯穿到教育教学的全过程，不应当作为一个单独的教学环节，与其他教学活动相分离，而是应当融入教学过程的始终，形成教育合力。此外，职业道德教育还应当贯穿在实训、实习、公益活动等实践环节中。通过实践活动，大学生不仅可以提高实际操作技能，还能够明确从业人员的道德要求，掌握职业道德规则。道德教育不能只是空谈，不能与工作和生活的实际相脱离，教育的内容不应当枯燥、抽象、空洞，而应当具有针对性、时效性，并且丰富多彩。总之，要把职业道德打造成终身受益的课堂，贯穿在大学教育的始终。

4. 职业规划能力的发展

职业规划是指个人根据自身实际，结合当前的形势、机遇和面临的挑战，确立职业目标、选择职业道路、确定职业发展计划，并为自己制订实现目标的可行计划。职业规划是大学生步入工作的第一步，成功的职业规划是获得成功的关键因素。发展学生的职业规划能力，首先要制定明确的职业目标，了解职业特性，提升职业道德；其次，制订计划，并付诸实践，朝着职业目标努力；最后，学生职业规划能力的提高应当遵循循序渐进的原则，分阶段、分专业进行，通过职业定位、择业期望标准的制定、岗位模拟、实训、岗位信息收集、毕业论文（设计）、集训、个人辅导等，建立逐步提高的职业规划实施途径。可以通过职业前景规划、个人职业发展计划、职业生涯决策、个人职业发展评价、职业技能实训、实训结果评价与讨论、职业技能熟练程度评估、岗位模拟实训、实训单位评价、教师评价、个人评价、后期职业发展教育、职业能力拓展等，一系列的活动，帮助学生提高职业规划能力，促使他们尽早实现社会职业角色的转变，尽早适应岗位的要求。

职业规划教育既有普遍性，又有特殊性。普遍性是指，职业规划教育应当为学生提供职业规划程序、规划技能、职业倾向、职业信息来源等方面的信息；特殊性体现在，学生所学专业不同，对职业规划教育的要求也不同；此外，学生的发展存在个体差异，职业规划教育也不能千篇一律，还应当因人而异，切合学生个体发展的实际。对于复合型外语专业的学生而言，学校可以制定长期、短期，以及近期、中期和远期的计划，将发展学生职业规划能力的教育贯穿在专业教育、复合专业教育和就业指导教育当中，将其作为学校教育的重要组成部分，全面提高学生的职业规划能力，促进学生的全面发展。职业规划课程体系的设置应当强调人文性，这是因为，本书中所论述的复合型外语专业未来所从事的工作是文化产业类，这就要求，在职业规划课程中，应当营造浓厚的人文氛围，让学生切实体验到未来职业的特色。

对于学生职业能力发展教育，还应当与复合专业相结合，真正打造未来的精英人才。复合型外语专业学生职业规划能力发展教育的原则是，确立以学生为中心的原则，结合市场发展的需求，有计划、有步骤地制订学生职业规划能力发展计划，并组织实施计划，全面提高职业规划指导的水平，建立"社会+学校+专业+个人"的职业能力发展模式，全面提高学生的职业专业化水平，将发展学生的职业规划能力贯穿于教学过程的始终，促进学生的全面发展。

还应当指出的是，职业规划教育是发展变化的，即动态的，而不是一成不变的。学校的职业规划教育必须依据社会的发展，及时做出调整，随着社会的发展和环境的变化而不断进步。职业规划不是一朝一夕的事，需要在摸索中不断前进，形成符合社会发展需求的教育指导体系。

提高学生的职业能力，还必须依赖于校内外实训基地。通过校内外实训，为学生提供真实的工作环境，提高学生的综合能力，促进产学研相结合育人目标的实现。在浓厚的职业环境中，对学生进行职业能力训练，便于为单位发现人才提供便利条件。更重要的是，提高学生的职业能力，可以实现就业单位与毕业生之间的合作互赢、互惠互利，促使学生的职业能力得到持续地发展和进步。我们以商务英语专业为例，通过在校内外实训，学生的语言运用能力和商务技能在实践中得到检验和提高。学生深入工作岗位，在商务环境中，运用自动化等高科技手段，通过订货、外贸单证、商务谈判等活动，操作现代化办公设备，灵活运用知识，这是单纯的课堂教学无法赶超的，因此发展学生的职业能力，不仅在于理论知识的学习，还在于实践能力的提高。总之，搭建校内外实训平台，将岗位需求和学生的职业能力联系起来，这也是培养复合型外语人才、提高其职业能力的有效手段。

在人的一生中，职业规划并非一次就能完成，它可能会随着人的成长与变化而不断出现，所以，人们在各自的职业生涯中要重视和合理运用相关的职业规划策略，根据自己的职业兴趣和志向以及在职业经历上的经验，面向当今的社会发展和市场经济的需求，逐渐形成经营自己职业的计划，突破就业发展的瓶颈，提高就职技能。

（二）就业指导教育

就业问题不仅关系到大学生的前程，高等教育的长期发展，而且还关系到社会的稳定和国家的长治久安。随着高等院校扩招，越来越多的大学生面临着就业难的问题。国家十分重视高校毕业生的就业问题，并将其作为一项重要工作来抓。作为高校，就要在当前就业形势严峻的情况下，为学生提供适时的就业指导教育，帮助学生就业，缓解就业压力。

大学生就业指导教育，是指为大学生提供就业方面的帮助，为他们提供就业趋向引导，提供就业方面的信息，帮助他们获得和提高就业能力，帮助他们适应社会。大学就业指导教育，不仅要提高学生的就业能力，还要提高培养学生终身就业的意识，获得可持续发展和终身就业的能力。大学生就业指导教育的质量，直接影响学生的就业能力和就业状况，是影响他们就业的关键因素。就业指导教育应当从以下几个方面入手。

1.就业观念教育

学生的就业状况，首先取决于他们的就业观念。当前，中国正处于高校毕业生就业严峻时期。每年的毕业生人数远远多于岗位数量，就业十分困难。在这样的严峻形势下，许多学生的就业观念还存在着不合理的成分。例如：高估自己的能力，对岗位期望值过高；对一线城市趋之若鹜，轻视小城市和农村，片面地认为只有大城市才能实现自己的理想；重名利、重地位的思想依然盛行。作为高校，从学生一入学开始，就应依照社会的发展，对学生的就业观念进行教育，帮助学生纠正不正确的想法，让他们充分认识当前的就业形势。

对于外语专业毕业生而言，2000年《高等学校英语专业英语教学大纲》指出，我国每年仅需要少量外语与文学、外语与语言相结合的专业人才以从事外国文学和语言学的教学工作，而大量需要的则是外语与其他有关学科，如外交、经贸、法律新闻等相结合的复合型人才，培养这种复合型的外语专业人才是时代的需求。外语专业学生之所以就业难，难就难在就业与所学专业之间的差距。既然我们已经认识到了这一点，而且十分重视复合型外语人才的培养，那么，在对学生进行就业指导时，就必须给予它充分的重视，这也是打破外语专业学生就业难的瓶颈。从各方面努力培养创新型的复合型外语人才，其中不能缺少就业指导体系的构建。我们应当为学生分析所学专业与就业形势之间的关系，更新学生的就业观念，将其从单纯地依赖外语优势就业的圈子中解放出来。[1]

2. 分析就业形式，提供就业信息

分析就业形势，为学生提供就业信息，引导学生以积极的姿态迎接即将到来的就业选择，这在就业指导中也是相当重要的。当今社会，由于大学毕业生人数多，又由于所学专业之间也存在差异，很多毕业生找不到工作，因此有人调侃说："毕业就等于失业。"这是因为，从大学生自身来说，由于很多毕业生学习不积极、懈怠，造成自身能力不够强，无法适应工作岗位的要求；从社会的需求来看，有些专业毕业生已经达到饱和，甚至供过于求。例如，英语专业毕业生就是如此。进入21世纪以来，尤其是21世纪初，中国加入世贸组织，成功举办北京奥运会、世博会等，都推动了英语专业的发展。在2000~2008年，英语专业扩招，毕业生人数剧增。随之而来的问题就是，有些毕业生业务素质不高，无法满足岗位需求。再加上毕业生较多，由此造成了就业难。事实上，国家紧缺的不是英语专业毕业生，而是能够有一技之长的英语专业毕业生，即复合英语专业毕业生。正确分析就业形势，迎合时代发展的要求，造就能够满足社会发展需求的人才，才是帮助学生顺利就业，适应社会发展的明智的举措。正如本书中所说的，文化产业是我国的新兴产业，对人才的需求量是很大的。又由

---

[1] 辛程，李佳宏，刘岩.冬奥背景下服务地方经济为导向的复合型外语人才培养研究[J].文存阅刊，2018（11）：181–182.

于我国实行文化"走出去"的政策，将外语专业打造成"外语+文化类复合专业"的名牌专业，是值得推广的。这样的外语人才，能够满足国家发展文化事业的需求，对民族文化的兴旺发达具有至关重要的作用。只有在学生入学之初就帮助学生分析就业现状和未来发展趋势，帮助学生提高业务素质，促使学生提高就业技能，才能使学生在激烈的竞争中立于不败之地。

就业信息对于毕业生的就业也是非常重要的。这是因为，就业信息不畅通、就业渠道狭窄等，都是造成学生就业困难的原因。应为学生正确分析当前的就业形势，培养他们正确的择业观念，为学生提供岗位需求方面的信息，在学生和岗位之间搭建平台。应从就业形势的实际出发，运用现代化的手段收集信息，提高信息的准确性和有效性，及时为学生的就业进行指导，从而促使学生就业规范化、多样化。

3. 优化专业和就业指导课程，相互融合，实现互补

高校应该把培养具有创新精神的复合型人才作为实施素质教育和教育教学改革的核心，根据市场特点调整专业和课程设置，强调相关领域的知识的融合。只有这种复合型人才才能提高大学生的就业能力，才能真正使大学毕业生在就业市场上以过硬的专业能力和综合素质、较强的适应能力和职业能力立于不败之地。应以社会发展为导向，优化就业指导课程。强化就业指导课程设置，改革教学内容，提高学生的人文素养，整合优质课程资源，纠正学生的就业观念，帮助学生正确分析和理解就业形势，为他们提供就业信息和渠道，提高他们的社会适应性。课程是承载教学重任的主要媒介，对大学生就业方面的指导，必然离不开课程。在当前的社会形势和文化产业发展的背景下，高校须将就业指导纳入课程体系当中，对学生开展就业指导，提高学生的就业指导功能。例如，开设就业指导、就业技能等课程，系统讲授就业方面的知识，并且将就业指导课程与学生个体的发展相结合，开展就业个性化方面的指导工作。例如，苏格兰中学于1994年开设了"个人与社会发展"必修课。这门课程主要是培养学生的创业意识，提高学生的决策技能和创业技能，培养学生的社会责任感。笔者认为，为学生开设就业技巧、社交礼仪、艺术鉴赏、职业礼仪、职业道德与修养、商务谈判等课程，既满足了学生专业发展的需求，又满足了就业需求。

4. 提高学生的综合素质，进而提高他们的就业能力

在招聘过程中，用人单位不仅注重学生的专业能力，也注重他们的综合素质，外语教育应根据市场需求，培养具有扎实的英语语言基础和广博的文化知识，并能熟练地运用英语在外事、教育、经贸、法律、文化等部门从事翻译、教学、管理工作的高素质复合型外语人才，为促进国家经济发展和社会进步做出贡献。学生的综合素质是高校和社会对于他们提出的严格的要求，只有将学生综合素质的培养与就业能力的提高相衔接，才能够帮助他们成功就业。

（三）创业教育

创业能力是指直接影响创业实践活动效率，促使创业活动顺利进行，并能够创立和发展一项或多项事业的主体心理条件。1989年，联合国教科文组织在北京召开了"面向21世纪教育国际研讨会"，首次提出了"创业教育"的理念。我国提出创业教育是在1999年1月公布的《面向21世纪教育振兴行动计划》中，可以说，我国的创业教育水平还不够高，还存在较大的发展空间。创业教育与学生创新能力的培养之间存在着密切的联系，不能将二者割裂开来。一个具备较高创业能力的人，必然具有创新和开拓精神。创业教育是一项复杂的工程，又是一项繁重的教育教学任务。由于各学科之间存在着差异，创业教育也会有所不同。笔者认为，对于复合型外语专业而言，创业教育应当做到以下几点。

1. 创业教育应贯穿在教学和育人过程的始终

创新创业教育要面向全体学生，融入人才培养全过程。可见大学生创业能力培养不应仅仅停留于眼前就业、创业难题的破解，更在于一种教育模式和教育理念的发展与创新，在于实现就业指导、创业教育、创新型人才培养的统一和结合。创业教育旨在培养学生的创业意识，提高他们的创业技能。正如就业指导一样，创业教育也是贯穿于教学过程始终的一个系统化教育。创业教育不仅仅是单纯的一门或者几门创业教育类课程就能够完成的，也不是几次讲座就能够解决问题的。创业教育是一个涵盖德智体美劳诸多方面的教育体系，是一项旨在提高学生的创业意识、创业兴趣、创业能力的教育活动。它不是由单个环节构成的，而是贯穿于整个教育教学过程的系统工程。将创业能力培养活动融入人才培养全过程时，要求我们既要紧密结合大学生的年龄特征从纵向上分层设计创业能力培养活动，又要根据大学生的个人成长需求从横向上分类设计创业能力培养活动。

创业教育是一项育人活动，与学生的全面发展是分不开的。创业教育应当从知、情、意、行方面对学生进行教育，而不能仅仅停留在知识与技能的训练上。它是一个系统，从各个层面促进学生的发展。它激发学生的创业兴趣，培养学生的创业意识，提高学生的创业能力，提升他们的道德水平，从而帮助他们成为全面发展的人。创业教育应体现个性化教育的特征，通过个性化教学，挖掘学生的无限潜力。创业教育不能"一刀切"，而应当充分发挥个体主观能动性，做到人人能创业、人人善创业。这也是当今教育的要求。

2. 创业教育与专业教育相融合

大学生创业活动是具有高度创新性的社会实践活动，创业大学生具有创造性的思维，能将专业知识与创业活动有机结合转化实现，能在社会实践中不断开发潜能、不断解放思想、不断地超越现实和自我，敢于冲破思维定式，打破常规的集中思维，进行发散思维，多角度寻求最佳答案，他们具有极强的创新创业能力。创业教育应当融入专业教育当中，与专业教育形成一体化的有效模式。一方面，我们要将提高学生创业技能的活动融入学科知识的教学中，让学生熟悉学科知识与创业能力之间的内在联系，并通过专业知识的学习，掌握创业知识和技能。创业教育应与学生业务素质的提高相结合，依托语言文化内容，学习中西文化，提高学生的综合技能。应打破专业教育和创业教育的界限，在专业教育中融入创业教育，在创业教育中体现专业教育，两者相互促进、相互提高。应构建创业教育课程，并与专业知识学习相结合，让学生真正了解创业的内涵和实质、创业活动的意义和目的。同时，还可以组建创业活动中心，举办创业沙龙、创业主题报告，以及成功人士讲座、创业竞赛等，为学生创业提供途径和便利条件。专业教育为创业教育提供理论支持和动力保障，创业教育旨在提高学生的专业技能。从学习内容上讲，创业教育以专业知识学习为核心，专业知识以创业教育为支撑；从人才培养的规格上说，培养出来的人才是具备较高业务素质、专业技能和创业能力的人才。

3. 创业教育与复合专业的培养相结合

大学生的创业能力是多维度的，需要得到充分的挖掘。因此，创业教育不仅与专业教育相结合，还应当与复合专业相结合。只有这样，才能培养出高素质的复合型人才。复合型外语人才创业能力的养成，既要重视外语技能的提升，又要重视复合专业知识和能力的拓展。复合型外语人才是"一专多能"的人才，不仅具有较高的外语能力，还有一技之长。这就是复合型外语人才和单纯的外语人才的区别。只有充分发挥复合专业的特长，复合型外语人才才能够具有更多的优势。建立科学的创业体系，须与复合专业相融合。在复合专业课程中加入创业教育的内容，既丰富了学生的知识，又提高了他们的创业能力。复合专业是复合型外语人才的优势。创业教育只有充分发挥这一优势，挖掘其潜力，才能为学生增添力量，使他们在创业过程中如虎添翼，释放能量。

4. 创业教育与我国文化产业发展现状相结合

随着科学技术的发展，一大批新兴产业不断涌现。这些新兴产业的发展，必然需要有大量具有创新能力的人才。因此，大学生创业能力的提高，与新兴产业之间存在着必然的联系。他们是新行业、新领域的主力军，是开发新领域、研发新产品、发展新事业的中坚力量。

复合型外语人才创业能力的提高，需与文化产业相结合，这是因为：中国文化产业存在高等学历所占比例较小，未形成产学研的结构的情况。从目前的文化产业教育层次结构情况看，尚未形成高职（高专）—本科—研究生这种'金字塔'式的人才层次结构，而文化产业发展的现实要求、企业人才当务之急的需求是需要大量的操作型文化产业人才和综合素质强的高级管理型人才的。所以就要培养复合型、开拓型、创新型人才，尤其是文化产业经营管理人才，加强与国外人才的交流与合作。大学生是具有创新意识、创新思维和创新能力的创新型人才，他们开创进取、开拓创新，能够在新行业、新领域发挥主观能动性，促进这些行业的发展。文化产业是我国的一项新兴产业，培养文化类人才，提高学生的创业技能，是开发文化这一领域的有效途径。因此，创业教育与我国文化现状相结合，能够培养出促进我国文化事业发展，提升文化软实力的人才。这既是文化产业发展的要求，也是时代对复合型外语人才提出的要求。

创业教育与区域文化产业之间应形成合作链条。通过创业教育，突破区域文化产业发展的瓶颈；通过创业教育，促进区域文化的发展进步。同时，区域文化产业园区为创业教育提供了广阔的实践空间。创业教育可以充分利用区域文化园区这一平台，对学生实施教育。其意义在于：首先，拓宽了创业教育实践活动的空间；其次，校内校外实行联动教育机制，互惠互利。

另外，将创业教育与人文素质的培养相结合，形成校园创业文化，这对于复合型外语人才的培养至关重要，也是复合型外语人才培养的特色。创业教育通过创业文化节、创意文化作品展示、创业艺术节、创业沙龙、创业设计大赛等，形成独特的优势，凝聚独特的精神文化力量，营造具有创新精神的创业文化氛围，使学生在未来的创业中大现风采，把握创业的主动权。

总之，我国文化产业的发展还处于初级阶段，需要有大量的人才进行探索和创新。在文化产业这一领域创业，必须拥有具有较高创业能力的人才。在这一时代背景下，培养复合型外语人才，是增强我国文化产业竞争力，抢占世界文化产业制高点的重要举措。

创业教育是多维教育，是适应社会、院校、专业、个体的教育，是促进人的全面发展的教育，又是能够带动学科发展、区域经济文化增长的育人活动。2010年5月，教育部提出："创新创业教育是适应经济社会和国家发展战略需要而产生的一种教学理念与模式；在高等学校中大力推进创新创业教育，对于促进高等教育科学发展、深化教育教学改革、提高人才培养质量具有重大的现实意义和战略意义。"

第二节 多元化的人才培养模式

复合型人才培养模式可追溯到1983年，上海外国语大学先后开设了新闻学、国际经济与贸易、工商管理、对外汉语等9个复合型专业。同一时期，北京外国语大学在本科阶段开设了英美文学、语言学、国际新闻、外事翻译、国际文化交流等专业方向。以此为开端，全国高校的外语院系开始积极投入复合型人才培养的实践中。随着该模式的发展，国家领导人对此课题也极为关注，1996年，李岚清副总理在广东外语外贸大学视察时，提出了"专业+外语"的复合型外语人才培养模式："我们的方向和目标是很明确的，就是培养高层次的、掌握专业和掌握外语的人才。"2000年教育部颁布的《高等学校英语专业英语教学大纲》为全国各校的外语专业复合型人才培养提供了政策依据和教学指导，并第一次以文件的形式确定了我国外语专业以培养复合型外语人才为主要目标。这一时期是复合型人才培养模式的大发展时期，也是围绕该模式进行外语教学改革的主要阶段，复合型外语人才培养模式逐渐成为普遍接受的标准。我国外语专业扩展后，据统计，全国外语本科专业点超过900个，其中绝大多数采用了复合型人才培养模式，该模式已经进入蓬勃发展阶段。

随着经济全球化的深入，社会急需多元化人才。在这一背景下，多元人才观成为探索外语专业教学改革和创新、制定国家质量标准的逻辑起点。改革和创新成为外语专业改变现状，谋求发展的必要条。在专家学者的努力下，从2010年起，外语专业逐步进入多元化、多层次的创新性外语人才培养模式的时代。新时代全国多所高校外语专业已开始积极改革，多元人才培养模式的形成是个逐步探索的过程，包含了多元化的培养专业、课程类型、培养层次和人才类别。

一、培养专业多元化

在复合型人才培养模式的实践中，外语专业由原来单一的外语语言文学专业向多元专业模式发展。在多元人才观的指导下，外语专业应发展更多元化的专业模式。但发展成熟的专业模式所需周期长，高校可以先以专业方向的形式发展，如金融外语、民航外语、医学外语、科技外语等专业方向，逐步形成系统的、成熟的专业模式。在此过程中，高校结合自身优势发展了特色专业外语方向，如国内某高校依托现有优势学科，设置了气象翻译、新能源翻译和化工翻译等特色专业方向，使学校和学生双方在招生和就业市场具备了较强的竞争力。一定程度上，可以解决外语专业人才同质化现象和外语专业就业难的现状。

二、课程类型多元化

正如学者认为的那样，如果将某种人文知识课加载到技能课的培训中，将会增加技能课的知识性，同时也有助于人文素养和知识的积累。这与"内容依托教学法"不谋而合。以文学、历史、哲学、艺术等人文学科知识内容为依托，将外语技能课和外语专业知识课整合为外语专业综合素养课程，即将技能课程知识化、隐性化以及将知识课程技能化、显性化。同时，根据年级进阶式安排课程难度。目前，上海交通大学、湖南师范大学、南京大学等院校的外语院系已率先进行了尝试，且颇有成效。为了学生得到系统的外语专业及人文教育，三校压缩了纯技能课程：如口语、泛读和高级外语课程。上海交通大学开设了哲学、艺术、文化等以内容为依托的多元化的集群课程：如西方思想经典选读、中国思想经典选读、英美经典散文选读、外语经典短篇小说、20世纪中国文学名著欣赏、美国历史与文化、欧洲文学等，将原分开设置的阅读和写作合并，提出新型的"读、写、议"集群式课程，其中也涵盖了历史神话、文化经典等课程。这些改革为解决传统技能课中片段式的知识输入，以及知识技能相分离等问题提供了可供借鉴的经验。基于多元化、意义的集群式课程有利于系统地构建学生知识框架，为培养学生批判性思维奠定了基础。

三、培养层次多元化

过去的20年，全国外语专业经历了"跨越式"的发展，各类高校外语专业人数增至57万，并都主要采用了复合型人才培养模式。在多元人才观下，培养模式的层次化是指各院校根据学校类型、师资结构、教学资源等学校资源分层次进行培养。如何进行分层次培养？杨连瑞教授提出一个设想：第一层次，国家重点大学（985高校，部分211高校），第二层次，省属普通本科高校，第三层次，应用型本科高校。三种层次的高校可分别重点培养三种急需的人才，拔尖创新型和研究型、复合型、应用型人才。由此，可以解决层次模糊和模式单一的问题，各类高校找到适合自己重点发展的方向，也可适应经济和社会多元化的需求。[1]

四、人才类别多元化

除了多元的社会需求，学生的多元发展需求也应在高等教育人才培养中体现。人才多元化的含义是要尊重个性化。这要求外语专业的培养模式尽量考虑学生不同的智能天赋、兴趣、特长等，以此为基础来充分发挥个人所长。比如，考核和测试方式能否避免千人一面，能否根据学生的禀赋和特长进行不同类型的考核，以鼓励学生个性化发展。在此方面，南开大学外语专业的"魄力（简称PIRLI）"教学经验有借鉴意义。如此，既可避免模式趋同，又可避免人才结构单一，有利于培养多元化的人才。

复合式人才培养模式成功地培养了众多适应社会发展需求的外语专业人才，如今我们扬弃旧的模式，在多元人才观的指导下发展新兴的外语专业多元人才培养模式。因此，研究多元人才培养模式的内涵具有实际指导意义，同时顺应了外语专业发展的灵活性、多元性和自主性的新趋势。

五、培养制度多元化

依据实际情况编制出较为完善的教学体系。高校培养多元化外语人才必须将市场的真实需求当作重要基础，同时严格遵循相对应的办学体制来增设双语教学。针对双语教学模式中的教育观点与方法都需要实施对比分析，以精准探索到出现的核心问题，确保教学目标一致性。应依据外语教育特点挑选各个语种的定位，并且在双语教学模式中编制具备自身特点的举措。致力于各个外语专业的结构调整，需要对培育多元化外语人才给予足够重视。双语教学模式需充分表露出外语的方向性和专业性，使得教学结构主体多样化不受影响，必须高度重视小语种人才的融合效果，加大力度巩固外语教育特点，持续加强外语培训。

六、满足学生多元化的需求

实施双语教学的根本目标是持续增强学生的外语储备，不断增强学生专业外语的应用能力，以此为基础能够培育出数量众多的多元化外语人才。处于双语教学模式下，培育多元化外语人才是学生推动自身能力快速发展的重要方法，同时伴随着国际视野的持续拓展，世界各国之间的交流会越来越频繁。外语交际能力可以很好地胜任交流任务。通过双语教学模式培养出的多元化外语人才的效果要远远强于单一外语培养。

七、评价体系多元化

外语评价体系可以将多元化外语人才的真实情况充分体现出来，相当于将双语教学效果完

---

[1] 毛晋华.新形势下河南省高质量复合型外语人才培养模式研究[J].学周刊，2016（34）：196-198.

全展现出来。评价方式需有效结合个体发展状况开展整体分析，从不同维度展示学生的基础信息，倡导学生致力于综合能力的提高。通过双语教学来针对学生的语言、逻辑等层面进行评价，同时精准记录学生的某个发展时期，评价方式能够体现出学生的感受。而评价主体呈现出多元化，能够确保满足所有学生的真实需求。

第三节 国际化背景下复合型高级外语人才培养对策

从国外的经验来看，培养复合型外语人才也是一个主要趋势。以美国为例，"二战"前，美国高校沿袭大学古典语言教育的传统，强调外语的人文价值，以语言文学的学习为主要内容。"二战"后美国高校的外语教育不再以人文价值为核心目标，而是强调外语教育应该为国家安全、国家经济发展和国家的外交政策服务，从而确立了培养高级复合型外语人才的目标。在我国，从20世纪80年代开始提出并实施的培养复合型高级外语人才战略对于解决长期以来困扰我国外语教育的诸多问题发挥了重要作用。但是，当前我国外语专业发展仍然面临一些亟待解决的问题，如专业的布局和规模不够合理、人才同质化现象比较严重、学生的创新能力和实践能力不足、高端国际化外语人才匮乏等。因此，在培养复合型高级外语人才过程中还应该遵循以下六项原则。

一、前瞻性

相比之下，国外大学外语专业的学科定位相对比较稳定，而我国的外语专业却在学科定位上不断变化。对于这个问题，主要原因是我国正处于社会经济大发展的时期，因此迫切需要大量经贸、法律等方面人才，高校外语专业则迎合了市场的人才需要和学生的就业需求。其实，还有一个原因是我国外语专业的学科定位和人才培养缺乏前瞻性。在复合型外语人才培养的目标和模式问题上，我们应该对社会和市场的需求进行科学预测，不能老跟着市场跑。人才培养具有周期性，如果总是追赶市场的脚步，那么将永远滞后于市场的变化，导致所培养的人才就业困难，而市场真正需求的人才又大量匮乏。

二、战略性

在当今全球化竞争日益激烈的时代，复合型高级外语人才已经成为一种重要的战略资源。我国的政治外交、经济发展、国家安全、文化推广等诸多方面都有赖于外语人才发挥作用。早在"二战"后初期，美国语言学家就提出应该把外语教育与国家利益相结合。外语教学实践应该建立在对教学对象、教学规律和教学方法充分认识的基础上，从国家外语政策的战略高度去进行深入细致的调查研究和高瞻远瞩的思考。因此，复合型高级外语人才的培养应该以促进国家社会经济发展与民族复兴为己任，对接国家发展战略。

三、创新性

复合型高级外语人才的培养本身就是在高校人才培养模式上的创新，对于外语学科建设和专业科研发展都起到了重要的推动作用。外语专业培养的创新型人才，其创新最终应体现在人才对社会多元需求的适应性上和对所学知识的融会贯通运用上。因此，各个高校在认真研究未来社会需求与国家发展战略的基础上，应该根据自身的实际情况，并结合所在区域的社会、经济与文化发展需要在复合型外语人才培养的层次、目标和模式方面有所突破和创新。

四、国际化

面对经济全球化的发展态势，国际竞争日益激烈，国内市场需要尽快与国际市场接轨，在这种情况下，过去那种单向度的外语人才培养模式已经难以适应经济发展和国家战略的需要。高等学校需要适应国家经济社会对外开放的要求，培养大批具有国际视野、通晓国际规则、能够参与国际事务和国际竞争的国际化人才。因此，当前社会对单一型外语人才的需求将日益减少，而对复合型外语人才的需求正在不断扩大，能够参与全球性竞争与合作的国际化人才应该是我们今后的培养目标，也是中国高等教育国际化的客观要求。

五、市场化

当前中国的高等教育存在一个比较奇怪的现象，一方面很多大学生在抱怨读书没用，毕业了找不到工作，而另一方面很多企业抱怨招不到合适的人才。我国的外语教学理论研究应该加强需求分析，这方面的不足与社会上很多有关外语的怪现象直接相关。因此，复合型外语人才培养必须以需求分析为前提，既要服务于学习者求知和求职的需要，也要服务于市场招聘和储备人才的需要，具有更强的市场针对性和适应性。

六、多元化

随着经济全球化、科技一体化、文化多元化、信息网络化的不断发展，传统的学院式的外国语言文学教育已难以满足社会对多元化人才的需求。据统计，美国高校所培养的外语复合型人才涵盖了政治、经济、历史、外交等160个专业领域。另外，因为一般性外语人才的数量已经相对较大，所以复合型高级外语人才的培养就成为必然的选择。以外语为例，2010年我国普通本科院校开设有42种外语语言，到2019年开设有98种外语语言，可以说语言种类基本覆盖了175个与我国建交国家的官方用语，拥有外国语文学一级学科硕士点的普通本科院校有183所，拥有外国语文学一级学科博士点的普通本科院校有49所，不同地区对外语人才有不同的需求，不同的学校有不同的优势和特色，不能都按同一模式培养外语人才。高校应该根据办学历史、区位优势和学科特色等方面因地制宜，努力创建从应用型到学术型，包括本科、硕士、博士多层次的复合型高级外语人才培养体系。

培养高校高素质外语人才要树立以学生为中心的通识教育理念。这是因为，大学教育归根结底是一种通识教育，培养人才的综合素质才是根本，一种卓越的大学教育理念应该起于知识，启迪思想，顿悟精神，止于境界。因此，21世纪我国高等外语专业教育必须是以通识教育为契机培养具有扎实的基本功、宽广的知识面、一定的专业知识、较强的能力和较好的素质的全面发展的外语人才的教育。[①]

拓展学生的知识面及掌握相关的专业知识关键是在高校外语专业的课程设置上。各高校外语院系需要根据实际情况在课程体系设置上积极探索，敢于创新。外语专业学生在学习语言文学、历史文化等通识教育课程的同时，可根据市场需求及个人兴趣通过双学位、辅修专业、精品课程等途径跨学科、跨专业、跨院系选修经贸、管理、旅游、教育、法律等专业课程，以拓展其知识面，培养其综合能力。

在具体的教学过程中，外语专业教师需要与其他院系教师通力合作，积极转变教育观念，树立通识教育理念，坚持学生的主体地位，创新使用启发式、讨论式等教学方法并结合现代教学手段，激发学生兴趣，加强师生互动，重视跨文化沟通能力及语言实践能力的培养，把学生的语言技能、专业知识及综合能力有机地结合起来，真正培养出一专多能，全面发展的高素质外语人才。

高校高素质外语人才的培养必须重视市场这只无形之手的导向作用。21世纪对高素质外语人才的需求正是市场经济发出的最强音。传统的只掌握外语技能而别无所长的纯外语人才已无法满足社会发展的需求，因此市场经济下要求知识面宽厚、适应性强及具有相当应用能力的复合型外语人才便应运而生。另外，市场虽然青睐高素质外语人才，但高校培养高素质复合型外语人才也不可一拥而上，这本身就违背了市场的发展规律，而且，由于各高校外语专业学生的语言基础、教育背景及自身素质不同，外语专业学生不可能人人成为高素质复合型外语人才。因此，高校高素质外语人才培养是重视质量而非数量的外语精英教育。

目前，由于外语教育周期同市场需求紧迫性的矛盾日益突出，各高校在外语人才培养策略上需要不断更新观念，积极拓宽校企联合、校校联合办学途径，以高效率地培养出高素质

---

① 杨柳. 复合型外语人才培养模式构建研究 [J]. 湖南城市学院学报（自然科学版），2016，25（4）：359–360.

外语人才，很多高校的外国语（系）学院结合我国外资企业实际发展状况与美国、日本、澳大利亚等高等院校建立合作机制，实行"2+2""3+2""4+2"等多种国际合作培养途径，通过选拔的方式派送优秀学生到国外留学，建立校校合作正是立足市场需求、谋求双赢的有效策略，此举亦为培养高素质外语人才创造了良好的国际环境。

同时，各高校外语（系）学院可以根据自身情况，在某一语种专业学生中建立高素质外语人才培养试点，以笔试、面试的方式遴选出语言功底扎实、综合素质较高、有发展潜力的优秀者，实行小班化外文授课，注重全面发展，树立以人为本的教学理念，适时以市场对外语人才的需求变化为导向，并鼓励学生出国留学深造，不断地提升学生的学历水平及学位层次，以真正地培养出既有深厚的语言功底，又有宽阔的知识面以及出色的跨文化沟通能力的新一代国际化高素质复合型外语人才。

第四节 慕课对外语复合型人才培养的影响

我国有学者对慕课的评价甚高，认为"慕课是印刷术发明以来最伟大的教育革新，更重要的是，它将改革大学教育，重塑高等教育版图"。慕课这一全新教育模式的出现，给中国传统高等教育带来了冲击与挑战，使每一个教育者必须重新审视与思考高等教育的未来方向。

一、慕课介绍

慕课是外语 Massive Open Online Courses 首字母简写 MOOC 的中文音译，是一种新近出现的大规模、开放的在线课程开发模式。从字面意思看，它具有以下几方面特点：大规模、开放性、在线课程以及区别于以往的互动性和及时评测。大规模是指与传统课程只有几十个、几百个学生参与不同，一个热门的慕课课程动辄几千、几万人，甚至几十万人参与，规模之大，传统课堂无法比拟。另外，慕课在线教育平台的数据库也在不断扩大，越来越多知名高等院校参与其中，提供的课程范围不仅覆盖广泛的科技学科，还包括社会科学和人文学科。开放性是指在具备上网条件的前提下，可以实现免费、"无门槛"的在线学习。不管你什么年龄、何种身份、哪种层次，这种优质在线教育资源都对有学习诉求的学习者完全开放。慕课打破大学的"围墙"，未来的大学将没有国界，这种无门槛、无边界的学习使终身学习成为一种可能。在线系统得益于移动互联网的发展，宽带网络和智能手机的普及，使慕课在线课程的受众广泛，接入也十分便利。学习者通过在线学习的模式可以根据个体实际情况，随时调整学习进程和重点，提高学习主体的学习主动性，体现对学习主体的价值关怀。

二、慕课特点

网络科技已经普遍应用到社交媒体，线上教育也自初期的课程材料和精品课程分享发展为通过网络平台广泛推进的慕课，在这个过程中，研发者更加关注学习者通过线上教育学习的体验。这种改变也促使学习者通过线上学习既可更轻松地得到更多的优质学习资源，同时也可及时地与专业教师及其他学习者进行反馈及互动。此外，通过线上学习同样能够得到相关课业评价与认证。

在开展慕课时，并未与已有课程结构及教学过程完全分离，课程进程与线下教育基本一致。所以，慕课与传统课程存在一种自然联系，慕课来源于传统课堂，传统课堂具备的教师、习者、教学环境与内容等慕课也同样具备。而且，慕课也有效补充了传统课堂的授课方式，其内容设计同样根据教育目标与教学大纲作为依据，可帮助学习者消化在传统课堂上未吸收的课程内容，也便于学习者的课后复习辅导。

慕课和传统课堂最大区别是前者的环境是互联网，后者是封闭的教室。这样前者比后者就可以有更多的参与者与更大的规模。慕课在制作时重视用理念设计来规划课程，其中包括课堂教学、学习管理与评价等诸多环节，这是慕课有别于传统课程之处。与传统课程相比，慕课还有下列优势。

（一）自主性

一个完整的课程教学设计主要包括四个基本要素：一是明确的教学预期目标；二是选择相应的知识点；三是有效教学组织；四是必要的教学。教学活动系统的规划和决策决定了教学过程框架与走向，传统课程教学也包括上述四要素。传统课程时长通常是45~60分钟，既要讲解知识点也结合了课后作业及考试，此类课程结构就导致各专业课的教师长期固定，而且教师一直占主导地位。传统课程结构下也在更新理论与教学思想，只是不能完全改变教学设计和组织、教学基本结构与课堂活动。传统教学结构重点基于学生掌握知识点的教学目标，重视教师传授后学生练习的先教后练模式，实现学习和巩固知识点。但慕课的课程设计覆盖了课程三要素，同时侧重于学生的自主学习。慕课还设置有传统的视频讲座、测试、评估、师生互评和学生互评等教学环节。因为授课面和传统课程比较来说，慕课面对的学习群体更加庞大。而传统课堂无法确保所有学习者保持同一学习进度，授课教师也无法和每名学生都开展一对一的交流。但慕课区别于传统课程之处在于，其强调为优质教学专家与主动学习且资源匮乏的学生两者建构出一个无障碍交流学习平台，为双方创造了交流的途径，保证学生能够根据本身的步骤进行学习。所以其在学习前必须开展自我管理与自我监督，以达成学习任务。慕课既侧重于课程教学质量，也结合大量学生文化背景与知识背景上的不同合理调整，从而可以满足各类学生的学习需求。通过优质资源引导学习者，为其完成课程学习提供支持。学习者也可自主选择慕课课程，这样也导致了同一类慕课课程间出现了激烈的竞争，但此类竞争在传统课程中并不会产生，原因是传统课程中教师是根据教学大纲来讲解知识点的，而且教师都比较熟悉学生。但设计慕课课程时要求用课程内容更新鲜有趣，以吸引学生注意力，确保教师可以生动的教学，也要保证专业的课程内容，使慕课课程可以固定学生，进而维系课程的存续。

（二）在线性

1.慕课借助网络完成授课

慕课作为大规模在线课程，讲解知识点时重点采用网络授课方式，在网络持续进步后，课程负责人可随时上传制作好的视频，便于学生随时随地地学习，也可随时更新和丰富慕课平台内容。

2.学生不受时间与空间限制

可随时随地地按照个人兴趣自主选择课程，慕课也具备在线双向学习方式，进而让学生更灵活地学习。

3.对学生学习行为进行随时记录

慕课便于课程管理者及时了解学生的学习状态，结合收集的学生学习状态信息来督促学生完成学习任务。慕课在线视频教学可以持续增加慕课的数据，管理者就可通过分析数据，了解学生掌握知识点的程度，再结合具体情况合理调整课程，不断改进课程质量，便于学生掌握知识点。

（三）重组性

传统线下课程通常有统一的课程标准、学科教材、辅助教材与练习册。传统课程均由国家集中编制推行，因此具备较高的强制性与权威性，有些地区可结合本身特点编制地方课程作为主体课程来作为国家教材的补充。但不管哪一种，传统课程均要实现知识的逻辑性与系统性以确保学生的顺利成长，所以，各地主要采用的还是国家统编教材，教师讲解也根据教材进行，一般不会也无法更改教材，授课也是按大纲和教材来完成。但慕课的授课教师可自由选择课程内容，可自本身专业视角出发，整合自己擅长的领域知识，这样可以确保课程的专业性，还可让学生学习跨学科的课程内容，从而让课程知识更专业、更丰富。课程设计者与主持者也能把不完全关联课程的知识点视为一个学习资料设置在一个学习单元内，还能整合逻辑、含义、目的等来重组一系列的知识点，进而优化利用课程资源。而且设计者与讲授者也不是必须使用原有课程资源,也可根据课程内容来设计课程,这也是传统课程所不能比拟的。慕课授课视频时长多在 10 分钟上下,用数个短小视频与学习资料来呈现主要教学内容。课程组合呈现方式明显区别于传统课程,慕课设计者必须筛选出大量需要的知识点与简单易懂的内容进行授课视频的制作。制作时也要合理运用教学媒体与方式,以确保课程内容清晰、具体,还可提高课程的实用性与趣味性,便于拓展面向的受众群体范围。经过数月的准备编写课程材料,选择合适的课程内容,进行录制并编辑视频后,即可将课程资源上传并进行测试等,这样才能制作出一门优质课程。构建出课程后在开课前一个月就可提供给学习者由其自由选择,开课前会介绍和宣传视频课程,便于学习者了解课程的基本情况,教师会开放课程讨论区和管理平台。①

(四)互动性

传统课程师生主要在课堂上互动。教师通常通过部分课堂教学策略组织师生互动,课堂中主要是授课活动,进行提问和组织讨论等课堂互动能促进学生的学习。教师的课堂行为通常有三种形式,即主教、助教和管理。

1. 主教行为

重点指的是在课堂上教师的主要行为,比如讲解的语言、动作等呈现在课堂上的行为,也包括指导阅读和练习等行为,以及问答、讨论、对话等师生交互环节。在课堂上师生互动非常重要。

2. 助教行为

该行为重点在于调动起学生的内生学习潜力,确保教学效果。借助于高效的课堂交流,教师可以表达出自己对学生的期望,通过技术方法来强化课堂等。此类行为重点发生在课堂教学环境中。

3. 管理行为

传统线下课程中通常是制定和实施课堂制度,同时也要纠正学生的课堂行为并掌控课堂时间。课堂管理可以为教学的顺利进行提供保障。慕课课程中也呈现出主教、助教与管理这三种课堂行为,不过不管是互动还是教学管理都不采用传统的线下课程那种同步进行的方式。慕课课程通常会在开课前一周发布,教师在开课程前就会向学生通知课程计划,预先就会布置好课后作业提交的终止时间。学生在下个新授课视频开课前在规定时间内应学习课程授课视

---

① 王娇,范小华. "一带一路"背景下地方高校复合型外语人才培养模式探究[J]. 散文百家(新语文活页),2016(8):181-182.

频与资料，自主安排学习的时间和地点，自我管理学习。

在学生学习完学习资料后，就能随时随地加入平台讨论区或课程学习小组与其他学习者共同进行讨论。教师也会在固定时间来浏览讨论区的内容，并且及时解答多数学习者提出的问题。由于有大量的人员参与课程学习，所以慕课的讨论主要是学生之间的互动。课程讨论区为慕课顺利完成教学过程提供了帮助。重点是教师和学生、学生和学生相互间来讨论课程内容、课后作业和课程相关问题。大量的课程学习人数，要求必须规范地管理课程的讨论区。

在学习讨论互动的整个环节中，并不只是教师一个人与学习者或学习者与学习者之间进行讨论互动。慕课团队教师也会随时注意到讨论区的新消息，并结合每一周课程的教学重难点，发布对应的讨论帖子，让有兴趣的学习者主动地参与讨论互动，激发学习者深入地思考教学重点和难点，进而实现对课程知识点的巩固。慕课团队教师也会划分出讨论区学习者发布问题的种类。倘若学习者提出的问题其他学习者已经给出了正确的解答，教师就会及时给予肯定，对那些学习者不能详细解答的问题，教师会在整合这些问题后，再针对问题进行专业的回答。

在慕课讨论区中学习者能够自由发言，就如同在其他交流论坛上发言一样自由，也可以运用所学知识帮助存在学习困惑的其他学习者回答问题。在这样的交互影响下，慕课得以传播到世界各地，并让它的包容性与开放性优势得到了充分的发挥。

为对讨论数据进行更好的处理，更规范地管理讨论区，教师主导的慕课团队还会聘请优秀的学习者共同管理讨论区，每天都要分类整合和管理讨论和帖子，以维护讨论区良好的讨论环境，为学习者有序进行讨论提供保障。除管理谈论区外，也要提醒学习者的学习进度，提醒学习者按照学习进度完成作业的规定时间，向其提供学习上的监管服务。

与传统课题的面对面教学管理不同，慕课的教学管理要求学习者能够自我管理，并进行自我监督，以保证学习顺利进行。而因为慕课的教学管理没有那么高的主动性，所以也有很多学习者参加慕课后又自由退出学习。而慕课设计者和研究者目前正在研究解决的一个难题就是怎样才能使学习者通过学习培养出一个良好的固定学习习惯。慕课互动与管理也应有更加完善的服务工具提供支持，各慕课平台均会设置课程导航系统、作业展示区、答疑讨论区等一系列环节，这样就要求平台本身为慕课提供完善的技术保障，为学习者发展课程、筛选课程提供支持。

慕课这种互动式教学模式强调的是建立更畅通的学习通道，通过学习平台上的课程资源可以让学习者深入思考并通过在线交流来掌握知识，而并非单纯地在线上收集资料。在慕课持续发展后，目前既可以提供开放的课程视频，也可为学习者创造出一个良好互动交流的平台，学习者在课程平台上可随时提出问题，老师和同学短时间内就会给出对应的回复，帮助其解决问题，从而提高了教学方式与教学环境的吸引力。

（五）完整性

对比传统网络公开课而言，慕课教学过程更完整，其建设了齐全的课程结构，课程整体设置了一系列的环节，包括提前发布课程、安排时间，一直到学习后的讨论答疑、布置和反馈作业以及评价考核等诸多环节，学生学习课程后也能获得对应学分或证书。慕课的基础是理论学习，所以，教学过程都能围绕学习者来逐步推进，以完成移动式教育的目标。学习时学习者能按照个人实际需求选择自己需要的内容进行学习，借助于平台互动社区与世界各地的教育者与学生完成线上交流与学习，慕课管理者负责管理并为学生提供后台服务，及时关注学生在学习过程中的体验。

三、慕课的教学方法

（一）开放式教学和分布式学习

追溯慕课发展史可知，其始终延续了开放式教学与分布式学习。科罗拉多州立大学的戴维·威利基于2007年创新性地开设了开放式课程，该课程共吸引8个国家的60名学生的积极参与，该课程在大量学习者不断应用后得到发展。加拿大里贾纳大学的亚历克·克洛斯教授也在2007年开设了开放式教学课程，他广泛邀请世界范围内的学者作为客座教授，共同进行线上课程并进行了研讨。

现在的主流慕课平台中，慕课教学设置的教学内容、方式都是开放的，而学生的分布式学习也体现出了网络技术的发展与进步，慕课应用互联网思维进而得以发展成为明显区别于传统大学课程及网络课程的现代在线教学的方法与特色。

（二）视频短小精悍、结构合理丰富

视频是远程教育与开放教育中长时间使用的一种教学材料模式，只是前期的视频课件缺乏互动性，而且时间较长，在网络技术快速发展的当今时代已经滞后于人们快速学习的需要，也不适应人类的认知规律。这也促使了短小精悍的微课视频得以长足进步，且得到了人们的普遍青睐，人们通过微课视频可以充分利用碎片时间完成学习，所以更多的人采用了这种学习方式。

现有慕课平台里已有课程测试与精练的课程视频，将课程测试题插入在视频中，可为学生熟练掌握知识点提供支持，检测学习者的学习效果，使课程的授课视频具备良好的互动性。

开课前所有课程均会设置有课程内容简介视频，学生可通过观看该视频来大致了解课程

内容，使学生明确课程的教学目标、内容、教学形式等，为其选课和学习提供帮助并进行了课程宣传。

高校学生在了解本校课程时多由同学介绍来完成，此类宣传和介绍可能存在学生本身的强烈主观意识，所以，同学的介绍相对片面，也不够客观。因此，高校应整合应用视频与教学来完成课程简介，以促进高校混合学习的发展。

（三）自觉学习

学习者可按个人兴趣与本身的学习习惯完成学习，根据个人时间来规划学习进度，在学习时可以完全考虑个人兴趣与本身的学习目标。因此，学习者参与必须具备主动学习的能力。

人们对慕课的监督经常质疑。学生能否自觉学习决定了课程学习的效果，这也是学生在线学习的自觉性与自控性的体现。

四、在慕课基础上的教学方法设计

在教学方法上，设计慕课教学需要满足慕课环境大量学习者的需求，所以，不应该沿袭传统容纳几十人的线下课堂教学模式。但是当前慕课设计强调技术是破解所有教学问题的法宝，而不重视教学设计、学习模式与教学互动的重要意义。

立足于教学模式与互动的视角来设计慕课环境下的教学方法，教学设计具备以下特征：一是突出高等教育领域主要的、普遍性的、复杂问题；二是有机结合已知和假设的设计理论、原则与技术工具，为复杂问题给出可靠的解决措施；三是主动创新、反思和测试学习环境，并积极探索和展示更新的设计原则；四是学习者长时间参与要求持续地对各类问题与要求进行优化；五是重视研究者与实施者间的紧密协同合作；六是解决具体问题并重点完成构建与解释理论。

（一）学习模式与慕课教学方法设计

斯发德（Sfard）把学习模式区别成两种，一是获取知识的学习；三是参与活动的学习。帕沃拉、利波宁和哈卡勒宁基于此创建了第三种学习模式，这就是创造性知识的学习模式。在该模式中学习意味着设计和实践传统原则，把学习看作"得到期望的知识碎片的过程"，突出知识的心理概念，而且将知识视为个体大脑这个容器拥有的。在界定与认识学习的条件下，使个体知识的"效率"最大化就成为教学是否有效的重要判断依据。要实现这个效率目标，早期教学设计模式在帮助学习者掌握特定知识或技能时，更加侧重于通过设置优化的过程、具体的文本、清晰的要求与细化的作业来实现。此教学设计样本主要组成内容有教学设计原则、主要演示理论、驱动任务的教学设计模型和标准参照教学模型。其中的首要目标是增加个体知识，虽然学习理论也是为了获取知识且肯定了创新对获取知识有着重要影响作用，可是多数传统教学设计模型并没有把创新放到首要位置。

以活动参与为主的学习模式把学习视作学习者对各种文化与共享学习活动参与的过程。学习的核心就是活动，同时认为知识是分布在个体和他们所在的环境中的，也可以说，这种学习模式把活动作为学习的重点（知道的过程），而并非把结果作为学习的重点（知识）。以学习为基础的活动参与理论教学设计模型侧重于突出活动和合作的重要性，如以问题、项目和探索为基础的教学活动。在此学习观点的主导下进行的教学设计，重点是为学习和探索提供支持而建构出的有意义活动，活动设计的主要特点是突出强调学生的自主学习和认知学徒式情景学习。虽然根据该学习理论进行教学设计使学习者提升了学习效率，不过它的缺陷是在设计时，并未把知识视为集体性社交活动产品进行设计，以驱动知识的创新。

所以，在该学习理论指导下设计的教学方法通常将学习视作学习者能够履行的一个程序，如以问题为基础的学习方法。按照这个学习方法，学习者通过具体界定的诸多活动就可以完成以下任务：一是问题识别；二是提出问题解决方案；三是明确解决问题需要的知识；四是应用习得的知识解决问题；五是借助对问题的思考来掌握知识。

作为知识创造的学习模式强调创新性的探索过程，即"新知识得以创造，最初的知识得以丰富或改变"。以此为理论指导的教学设计的重点是自我涌现、自我组织的活动。学习作为知识创造教学设计模式把学习的焦点转移到了学习者如何学习、学习的结果应该是什么以及怎样的学习环境能够最有效地促成创造知识的学习。因此，以学习作为知识创造的理论基础建构慕课环境下的教学方法既是慕课的根本属性，也是慕课学习的优势和本质所在。

（二）社交互动与慕课教学方法设计

基于慕课环境，学习对传统的课堂环境予以脱离与超越，学习者采取小组方式，在班级加强合作，进行有效的互动，拓展规模且加大交流沟通的力度，将学生个体的兴趣激发出来，从而在广阔的时空中实现相应的功能。慕课情境下的学生规模，使师生间进行一对一交流没有可能性，师生基本在学科课程平台的论坛及社交媒体上进行互动。助教将对论坛的管理作为主要职责，采取已掌握的知识技术直接反馈学生的要求，同时向教师传递难题与重点问题。恩格尔以加州大学伯克利分校为研究对象，以分析五门慕课的试验为基础，获取的结论是研究生与充分促进学习者角色的本科生助教在五门慕课领域中发挥突出而重要的作用；发挥教师的导向性作用，有效地开发与整合教学资源，对学生给予直接的帮助，大力维护与管理课程平台，针对学生开展问答测验等活动，对学科课程的顺利有序实施提供支持；提出慕课教师积极踊跃地参与学生的互动，为支撑学习社区的发展发挥重要的辅助性作用；同时明确学习的目标、有效地设计活动流程、打造优化课程模式，能够推动不同背景、期望、动机、风格的学生在慕课中获取成功。同伴的互助与互动推动慕课取得成功，经由学生对活动的参与与对社区的建设等环节，推动同伴互助的持续发展。

有研究者指出社交互动为有效学习奠定基础，学生间的互动在学习时发挥不可或缺的重要作用。设计课程需遵循的核心原则是打造在线学习的互动模式，使学生经由互动环节而在学习上获取支持，获取存在重要意义的学习结果与流程。在互动设计时，需充分地考虑到学生互动的积极自主性与目的性，互动并非强制行为；需尊重与充分理解学生的展示能力与思索沟通的不同形式。学生通过互动设计，旨在针对学生健全激励机制，从而采取各类多媒体工具完成各类开放式任务。

慕课教学的基本性质是在线，既有的理论成果与实践经验表明，相比于以往采取的课堂教学法，通过在线教学法的运用，能够增强社交属性，使学生更深层次地积极主动参与在线学习的互动；最初的在线教学经验与联结主义理论提出慕课学习，使教师、学生认知到社交学习将发挥重要的作用，同时在教学设计时充分而全面地考虑如何实现互动社交学习的功能。在教学设计的过程中，慕课教学采取博客、论坛、小组作业等多元化形式推动学生的学习进程。究其本质，学习意味着获取诸多知识及技能，相当于创造知识与技能的整体过程，通常情况下，学习经由互动而实现，因此行之有效的慕课教学法，将以网络为媒介，充分地挖掘数据与知识及信息，推动学生间、师生间、学生与互联网内其他人之间的交流与互动，通过创造知识而深入学习。

五、基于慕课下的外语教学模式构建策略

（一）转化教育思想

基于慕课的时代背景，学校需积极主动地转化教育思想，以往的外语教学发挥教师的中心作用，而慕课需要依靠学生对于外语学科的兴趣开展教学，教师需拥有渊博的外语等各学科知识技能，提高转化角色的速度。外语教师需提升教学与相应的设计教学环节的能力，以慕课这一平台为依托，将丰富的外语知识与资源提供给学生，激励学生采取慕课载体中的外语资源积极自主地学习。外语教师需践行现代教育思想，重视培养学生应用的能力这一环节，切实转变与优化外语的教学模式，充分锻炼学生外语口语交际能力，有效地训练听力，从而提升学生综合素质。

（二）探究多元化的教学模式

因为慕课教学存在一定的不足与问题，所以外语教学需积极主动地探究多元化的教学模

式，充分提升利用慕课平台的效率与质量。教师以慕课为基础，有效地开展翻转课堂教学，可使学生积极有效地应用慕课这一平台里的外语资源在课下进行积极自主的学习，同时在课堂中探究重点与难点，使学生以积极自主的学习为基础，充分提升外语教学的质量与效率。外语教师可有机地结合慕课及课堂教研活动，使学生有效地积累学习中存在的问题，在课堂中深入研究慕课学习存在的具体问题，使学生增强外语的认知，使外语学习取得显著成效。

（三）加大宣传的力度

目前一些师生对于慕课缺失足够的了解与掌握，未积极主动地参与慕课的学习与教学活动。学校针对慕课需加大宣传的力度，使师生全方位地掌握慕课内容与含义。学校需积极主动地激励学生掌握与学习慕课的内涵，使学生注册登录于慕课平台中，对学生发挥导向性作用，使其浏览平台中的外语知识与资源。外语教师在课堂教学中可导入慕课，使学生进行深层次的接触。学校可积极开展喜闻乐见的慕课讲座，做好慕课介绍工作，加大宣传的力度，以微信及微博为媒介阐述慕课内容，使师生高度重视慕课。

（四）加强教师团队的建设

基于慕课背景，构建与优化外语教学模式，与外语教师的大力支持是不可分离的，所以学校需加强教师团队的建设，持续提升外语教师教学的水平。学校对外语教师需实现培训的信息化，指导教师大力学习计算机与网络知识，使教师有效地运用先进的信息化网络技术大力开展慕课背景下的教学。学校需有效地组织与协调教师参加慕课培训活动，指导教师掌握慕课教学实现的功能与产生的深远意义，使教师深入掌握慕课教学方式，推动慕课在外语教学领域中的贯彻落实。学校针对教师打造慕课学科课程环节需加大培训的力度，激励教师积极主动地开展慕课教育活动。

（五）进行客观准确的教学评价

基于慕课背景，外语教学评价需实现科学化与现代化，学校需积极完善与改进相关评价。学校需按照慕课学科进度与结业证情况健全外语教学的评价体系，科学有效地评价学生学习慕课的过程，针对学生的学习对于演示、课后检测、练习等环节进行客观有效的评价，对期末和期中的评价环节进行弱化。外语教学需有机地结合线上及线下评价方式，使教学评价的透明度得以提升且诚信度得以增强。

（六）完善投入性机制

基于慕课背景，我国需高度重视在外语教学领域中有效地运用慕课这一环节，完善投入机制。国家需积极主动地改革慕课投入资金模式，对于慕课可改变以往的单向经费投入方法，设定业绩方面的专门补贴，为慕课教学在资金上提供有力支持。我国需加强网络教育资源的建设，为获取社会效益的机构在资金上加以补贴及激励，颁布统一的规范标准，推动资源的共享与配置。教育机构针对慕课教学需发挥导向性作用，进行有力支持，明确发展慕课教学的目标方向，使慕课教学的条件与环境得以优化，从而更好地构建教学模式。

六、常见的慕课教学平台

（一）Coursera

1. 背景

2012年，吴恩达等创办Coursera慕课平台，具有营利性质，截至2013年末通过四轮融资，共获取8 500万美元额度的资金；构建后，平台积极主动地和世界著名高等院校加强合作。截止到2014年3月，Coursera慕课平台中已纳入108所高等院校，涵盖25种课程与600多门分类学科，可采用英、汉、德等13种语言讲授课程，注册者逾500万人。

2. 平台特征

学生能够在Coursera慕课平台中选取学科课程，经注册之后进行学习。网站所提供的主要学科子模块包括安排、阅读、测试、作业、调研、论坛、Wiki等。

（1）课程互动形式

可采取学习小组方式，也可开设在线论坛，在课程上增强互动，或有效地组织线下见面活动，学生间进行面对面沟通。

（2）评价特点

评价时提供在线作业与习题及测验等方式。Coursera慕课平台有效地设计具有独特特色的学生互评体系，在培训学生的时候遵循一定的评价规则，对学生的作业进行批改与评价，在学科课程方面，使学生获得反馈，互评时增加学习的经验。

（3）认证学科课程证书

学生在完成学科课程之后，可获得教师所签发的证书；2013年，Coursera慕课平台推出签名付费认证Track证书这个项目，有机地结合完成学科课程的情况及学生身份，证明由学生本人完成相关内容，通过Coursera平台与开设课程学校间一起担保学生证书的价值与准确性。

（4）评估学分特点

2012年11月，美国教育委员会在认证学分方面启动新项目，经由大学学分推荐服务评估Coursera慕课平台在线课程学分情况。2013年第一批5门课程一致通过ACE学分的评价，学生完成课程的学习，便能够转换成高等院校的真正学分。Coursera慕课平台推介就业服务规划，按照学生具备的知识与技能及兴趣偏好，为学生推荐适宜企业与就业单位。

（5）客户终端特点

2013年末Coursera慕课平台推出iOS版智能化客户端；用户在客户端中能够轻松地观看视频且记录笔记，实现系列操作，为利用碎片化时间学习学科课程提供便利。

（6）设定课程项目特点

2014年，Coursera慕课平台推出专项课程这一项目，以某主题为核心，有效地设计连贯的系列学科课程。第一批专项学科课程共计10个，包括热门、前沿的学科，诸如大数据、互联网安全等。在一些项目的学科课程中设置"毕业设计"模块，使学生可在学习课程的时候，能够在社会场景中有效地运用所学知识与技能。大多数专业认证的课时超过20周，学生通过支付学费便可完成此专项中签名认证Traek学科课程，按照完成任务的情形取得相应的证书。

（二）edX

1. 背景

2012年，哈佛大学联合麻省理工分别出资3000万美元，共建edX慕课平台，属非营利性质，即MOOC机构的前身；起因是2011年末麻省理工宣布施行在线开源项目，于是与哈佛大学共建网络在线教学规划。截至2014年3月，edX平台设置25门课程且覆盖163门学科。

之所以建设edX慕课平台，旨在构建全球性的庞大在线学习平台，不仅提供学科课程的学习，同时采取此平台研究教学技术与方法、探究结合线上与线下的教学模式、评价教育及远程教育所获取的成效、管理学业等。苏珊·霍克菲尔德指出，edX旨在提高校园质量，通过网络实现教育，将为全球希望获取学习机会的公众提供多元化的教育渠道。

2. 平台特征

edX在战略目标方面构建x联盟，其成员源自世界顶流大学，覆盖美、澳、亚洲等区域的34所高等院校，各高校均通过"名称+X"表达。诸如清华大学是"TsinghuaX"等。

2013年，edX推出X系列课程，各系列涵盖某学科的相关课程，修课的时间介于6个月至24个月之间。学生完成课程任务之后，能够获取X系列证书，表明学生已完成这一领域的课程任务。现阶段已设置以下系列的课程：第一，计算机科学导论，7门课，350美元；第二，供应链管理，3门课，300美元；第三，空气动力学，2门课，200美元。X系列学科课程采取edX身份认证机制，类似于Coursera签名认证。

（三）Udacity

1. 背景

2012年2月，塞巴斯蒂安·特隆联合多人构建Udacity慕课平台，属营利性质；起因是

2011年他们设置免费的"人工智能导论"课程，源自全球的16万人注册此课程且加以学习。

Udacity平台主要开设理工类课程，以计算机科学及相关技术与数学学科作为重点，现阶段学科课程为36门。Udacity平台和教师间加强合作，只有一小部分与院校进行合作。

2. 平台特征

Udacity慕课平台提供的课程主要子模块包括通知、进程、作业、测试、视频、讨论组等。各门学科的各单元涵盖诸多知识块，各知识块与练习及笔记相对应。在评价课程上，提供测试与作业及习题等子模块；Udacity推介匹配就业的免费规划，协助学生向合作企业推介简历。2013年5月，Udacity平台联合AT&T、佐治亚理工学院推出首个大规模开放的课程，即著名的计算机科学硕士学位课程，并于2014年进行招生。AT&T公司为启动此规划提供200万美元。学制三年且每学分约134美元，学费总额度7 000美元，但如果采取以往教学模式的话，其学分约为4万美元。佐治亚理工学院与Udacity对学费进行分成，利润比例分别是60%与40%。此项目能够通过在线教育授予学位，属于首例，标识基于慕课发展的历程，慕课平台取得突破性进展。

（四）Future Learn

1. 背景

2012年末，英国开放大学发起且构建FutureLearn慕课平台，彼时这所大学已在远程教育领域中取得瞩目成就，联合创始单位包括利兹大学、伦敦国王学院、卡迪夫大学、圣安德鲁斯大学等12所高等院校。2013年，大英图书馆联合巴斯大学、诺丁汉大学等5所高等院校加盟；之后英国文化协会又加入此平台的创办。

Future Learn以在开放远程学习领域中获取成功为基础，构建与完善创新的运作机制，针对全球学生开放，同时在慕课平台中有机地结合社会性网站与移动智能技术，将学生学习的体验构建出来，旨在打造英国乃至于全世界的著名高等教育品牌。2013年，Future Learn慕课平台推出首批学科课程，覆盖文学、历史、社科、计算机、环境、市场、心理、体育等多个层面。Future Learn慕课平台一开放，便获取2万名用户的注册与登录，这些用户源自158个国家地区。

2. 平台特征

Future Learn慕课平台希望采取免费在线学习方式，进行有步骤的学习，遵循一定的流程，不仅向各行业领域中的专家学习，同时彼此学习，为学生提供优质服务，主要特征涵盖：

（1）以每星期为时间段安排与讲授课程

Future Learn慕课平台里的各门学科课程以星期为单位加以安排与讲授，提供音视频、图片文字等学习资料；可采取网络搜索的方式查找与分享资料。

（2）课程视频

Future Learn 慕课平台的学科课程提供英文这个字幕，针对字幕可下载为 PDF 文件。字幕处于视频的下方，可通过控制按钮进行隐藏与显示。如果视频中放上鼠标指针的话，将显示进度条、字幕、全屏等菜单，如果显示菜单的话，字幕将跳转到上方，从而浮现在学生眼前。

（3）增强社交互动体验

在学科课程视频的页面下，有一红色按钮，可将讨论区打开，不需要跳转到页面，便能够积极地参与课程讨论环节。

社交互动在 Future Learn 慕课平台学习中发挥重要的核心作用，用户经由对话或者参与探讨的形式可加以学习且增强互动体验；Future Learn 慕课平台为学生构建档案，用户能够对其他用户档案进行访问，或单击"Follow"对感兴趣者进行关注，随时看到对方实时动态的情况，在探究课程的时候，可为所喜欢的评论点赞；以社交网运作思想为基础，能够有效地推动社区学习的进程。

（4）进行及时有效的反馈

在学习学科课程的时候，将会安排测试或者作业环节。学生针对所测试的问题给出答案后，将提出反馈的建议或相关信息，假如回答是正确的，能够看到具体的点评内容。假如回答是错误的，系统会发出相应的提示，从而协助学生在学习的过程中发现所存在的问题与不足。在学习进程的页面中，将显示出用户已实现的课程任务、获取的总分数、和其他用户进行互动的活跃性等。

（5）学习认证

系统将保存学生全部的学习记录，学生能够获取相应的记录反馈，同时在 Future Learn 慕课平台以外进行使用，从而证明完成某学科课程的学习任务。Future Learn 慕课平台可说明试行付费且完成学习任务的情况、在本地区考点参与考试的分数。

（五）iVersity

1. 背景

2011 年，德国构建 iVersity 慕课平台，最开始的时候，他们只是想开发出在线协作学习的工具。2013 年，iVersity 慕课平台延伸发展的目标方向，拓展至开放学科课程的领域中，将慕课平台构建出来；同年 10 月，此平台第一次推出 24 门慕课，注册学生数量多达百万名。iVersity 慕课平台面向全球征集学科课程，现阶段将英语作为主要语言，同时涵盖德、俄语学科课程。

2. 平台特点

（1）模块架构

iVersity 慕课平台的核心优势是采取网络在线的形式播放视频、提供交互式的反馈，使学生增强互动；其学科课程涵盖章节、课程、通告、讨论区这四个子模块；各章节的内容涵盖一些小单元，同时包括一些练习与作业。

（2）课程视频

在各章节学习的时候，屏幕的左右两侧分别为视频、测试题，有机地结合测试及视频环节，能够使学生带着问题进行学习。在视频中可下载字幕，同时可提高快进速度，为各类清晰度的下载提供支持。在视频中，可探究课件与扩展阅读及学习的内容和各章节进度的情况。

（3）讨论区

学生能够在讨论区中进行自由地提问，能够检索讨论区的内容，排列顺序、以章节为基准查看检索，根据支持票数排列答案列表顺序，使用户提高参与学习与讨论的驱动力。

（4）社交互动

iVerstiv 慕课平台可和占据主流地位的社交网进行互相沟通，学生能够直接通过 Face book 进行注册，学习时可在 Twitter 或电子邮件中分享感兴趣的帖子或相应的内容。

（5）学习认证

学生在 iVerstiy 慕课平台中完成课程考核及作业后，能够获取相应的证书，目前三门学科课程已获取欧洲学分互认体系认证。

（六）Open2Study

1. 背景

2013 年，克里斯·鲍文声称澳大利亚发布 Open2Study，作为国家第一个网络教育平台，标识着正式开启构建慕课平台的帷幕，Open2Study 由澳大利亚开放大学所构建，为生提供在线免费学科课程的学习。

2. 平台特点

（1）设立课程情况

Open2Study 慕课平台每门课程的学习时间为四个星期，每年度循环授课十次；提供自适应类课程，无统一开始与终结的时间，学生能够随时随地地进行注册，依据自身节奏与特征修习学科课程且获取相应的证书，在时长上不存在局限。

此平台将学科课程有效地划分成诸多模块，各模块涵盖相应的主题视频内容，各视频的时长介于 5~10 分钟。Open2Study 的视频放在 YouTube 中且设置英文字幕；在视频的右侧，分布学习子模块的列表。在完成某主题视频教学之后，提供测试，对学习成效进行检验。完成某模块教学的主题之后，可参与单元测试，进而检验自己的学习效果。

（2）课程讨论区

Open2Study 慕课平台提供的讨论区为网站讨论区，对 Open2Study 慕课平台采取的问题加以探究；讨论区处在视频的下方，学生学习时随时随地地参与课程的探究，同时可通过发布讨论帖的形式发表相应的评论内容，或加以投票。

（3）社交互动

Open2Study 慕课平台中的互动因素极其丰富，学生能够采用脸书、推特、谷歌等账号进行登录；学习时可在一些著名的社交网站中分享感兴趣的内容，并在此平台中邀约 Facebook 等网站中的好友。Open2Study 平台可充当社交网站的角色，其互动机制极其丰富与完善，系统能够推荐其他选择此课程的同学，学生间可构建相应的联系，经由消息而增强互动体验。

（4）勋章机制

Open2Study 慕课平台打造几十种类型的勋章，旨在提升学生积极主动性，获取勋章的方法包括注册网站、在社交网中分享数据、参与讨论、考试等，同时会在用户档案中显示勋章。

（5）学习认证

Open2Study 平台提供在线免费课程，满足 50 门在线课程认证的需求。

七、慕课对外语专业复合型人才培养的影响

过去的二十多年，国内外诸多高等学校一直为如何培养跨学科、复合型人才不懈努力，不断进行教学改革，设计培养模式。如今，很多问题在慕课的冲击下迎刃而解。慕课对外语专业复合型人才培养的影响主要有以下几方面。

（一）有助于优化课程设置

复合型外语人才的培养是开设多门专业方向课程供学生选修。但由于学校缺乏复合型优质外语师资，且学生培养方案受总学时和总学分的限制，学校还不可能开设足够多的课程以供选择。在总学时一定的前提下，语言类课程占据主导地位，学生专业方向课的课时学分只能压缩。多数学生完成四年学业后，依然认为自己在专业方向上有所欠缺，不能很好地适应实际工作需要。慕课的出现，使教学内容的覆盖面无限扩展。学生可以选择符合自己兴趣与需要的名师、名校与名课，完成对专业知识的补充与更新。慕课模式中，无论多少学

生，都可以同时开始某门课程的学习，而传统的课程设置通常受选课人数的限制。由于慕课出自名校名师之手，学生若能按照进度完成专业课程，一定能克服由于当前课程设置的局限带来的知识欠缺。同时，更好地了解专业领域的最新动态，接触优秀大学的优秀课程，让自己接受的学科训练跟上人才培养的步伐。另外，学生也可以跳出自己的专业限制，根据个人兴趣或就业意向，选修其他专业课程，使自己的就业方向变得更为灵活。当然，慕课在提供便利的同时，由于选择众多，也会让很多学生手忙脚乱，不能做出科学定位，使专业学习变得凌乱不堪，且不具有针对性。在慕课时代，要想充分利用在线课程优化复合型外语人才培养的课程设置，需要教师在职业规划和市场需求等方面给予学生科学指导和引导。

（二）有助于获取名师资源

外语复合型人才的培养离不开复合型师资队伍建设。复合型师资队伍要求其教师成员具备不同的学科及专业背景。例如，中国传媒大学南广学院的外语专业的培养目标是培养"外语+国际传播""外语+国际新闻"或是外语商务口译方向的毕业生。配备的教师基本都是毕业于综合性大学外国语学院的外语语言文学专业或者应用语言学专业。他们的外语水平高，外语专业知识扎实，但缺乏新闻传播理论知识及实践经验。真正具有媒体工作经验又具备较高外语水平的教师较少。慕课为解决师资力量短缺提供了有力支持。每个学习者都希望自己能够进入最好的大学。慕课的出现，使这一愿望得以轻松实现。目前，慕课都是出自世界一流大学的名师或者著名教授团队。复合型外语人才在完成外语语言的学习后，完全可以根据慕课名师的教学内容挑选自己的专业方向，接受某个领域或是某个学科方向名师的教学。另外，学习者也可学习国外一流大学的网络课程，目睹名师授课，进一步开阔视野。慕课的出现，对教师的教育理念、教学能力、教学方法增设了多重考验。高校外语教师如何应对这一挑战并赢得自身的发展契机，值得人们深刻思考。

（三）有助于提高课堂效率

由于慕课课堂名师学术水平高，又精通教学规律，还有一流学校先进的硬件和丰富的学习资源作为支撑，因此所授课程从内容到形式，从活动设置到作业布置，从配套视频、课件到录制效果，无一不彰显其优势。首先，教师的平均水平更高。因为没有限制每门课的人数，所以学生不用被迫选择不感兴趣的课程。其次，网络教学方式的优势。学生既可以选择回放进行重复学习，也可以根据自己的学习进度听课，这是现场教学无法实现的。再次，上课地点不受局限。无论身在何处，只要具备网络条件，都可以享受一流大学的一流课程。最后，在授课时间上，从传统的45分钟课堂转为10~15分钟，这样的时间长度对学生来说更具吸引力。因此，慕课能有效提高课堂教学效率。

八、慕课时代外语专业复合型人才培养的应对策略

（一）推进微课与翻转课堂的应用

翻转课堂指重新调整课堂内外的时间分布，将学习决定权从教师转移给学生。与传统课堂教学模式不同，在翻转课堂式教学模式下，学生可在家完成知识的学习，课堂则变成教师、学生之间和学生、学生之间互动的场所，包括答疑解惑、知识运用等，从而达到更好的教育效果。微课与翻转课堂，无论对外语教师还是对学生都是一个巨大挑战。外语教师必须接受慕课带来的挑战，制作高水平的微课。同时，要将传统课堂与翻转课堂有效结合，以应对慕课的挑战。翻转课堂教学能够转变教师的知识传授者角色，为教师提供更多时间为学生答疑解惑，并有利于教师个性化教学和学生学习能力的培养。然而，整个课程实现翻转课堂将是一个浩大的工程，需要学校和教师的共同努力。

（二）倡导自主学习策略

慕课被认为是一场促进学生自主学习的变革。要适应慕课浪潮，学生必须学会自主学习。慕课的在线课程实现了教学课程的自我管理与参与。学生自主灵活安排学习，自我管理学习进度，使用客观、自动化的线上学习评价系统，对作业可以进行自动批改、相互批改、小组合作等。这种模式具有相当大的灵活性，对学生自主学习提出了更高要求。学生只有具备自主学习能力和自主学习的方式，才能充分体现慕课的优势，实现终身学习目标。

（三）转变教师角色

由于微课与翻转课堂的推广，教师角色也随之发生变化。慕课的发展，让学生成为真正的课堂学习主体，其理念的真正着力点放在学生如何更有效地进行自主学习。因此，教师应从"管理者"向"组织者"和"引领者"的角色转变，带领学生徜徉在知识的海洋。教师要了解学生、分析学生、引导学生自主发展、自主学习，弱化其在信息化过程中的教书职能，强化其分析师的职能。另外，教师还要与时俱进，接受现代信息技术培训，学习制作多媒体计算机应用和教学软件。只有实现这些转变，才能真正适应慕课时代的微课与翻转课堂。

慕课理念虽然先进，但其对传统教育的影响可能是颠覆性的。同时，慕课尚处于"婴儿期"，自身还有很多需要完善的地方，短时间内要撼动长久以来形成的传统教学模式比较困难。如何在慕课时代优化外语复合型人才培养的课程设置，改变教师的角色定位，改善课堂教学以及改变学生的学习策略都是亟待解决的问题。因此，教育工作者要不断分析和研究，了解慕课实质，为培养外语复合型人才提供智慧支持，为学院不断改进教学水平、提高教育质量贡献力量。

参考文献

[1] 程建山,涂朝莲.复合型英语专业人才培养模式研究[M].武汉:武汉大学出版社,2021.5.

[2] 李明秋."汉堡教学论模式"的跨学科外语人才培养研究[M].沈阳:东北大学出版社,2018.3.

[3] 张园园.基于跨文化交际的复合型英语翻译人才培养研究[M].北京:中国书籍出版社,2019.11.

[4] 任宇红.文化产业国际化与复合型外语人才的培养[M].石家庄:河北科学技术出版社,2016.06.

[5] 李晓媚.基于应用导向的高校外语跨文化交际复合型人才培养研究[J].现代职业教育.2021,(15):58-59.

[6] 姜毓锋,苗萌.跨文化交际视角下ESP复合型人才培养策略探究[J].黑龙江教育(理论与实践),2020(8):83-84.

[7] 常晓敏.中国文化"走出去"战略背景下日语专业文学阅读课程教学改革探索与实践[J].当代教育实践与教学研究,2020(6):185-186.

[8] 胡纯,陈茜,张吟松.基于云南高校的泰语教育与跨文化交际人才培养探究[J].智库时代,2020(10):179-180,283.

[9] 王芳.潍坊外贸从业人员跨文化交流能力研究[J].潍坊学院学报,2020,20(1):22-27.

[10] 刘艳萍.跨文化交际视角下外语人才国际化实践能力培养研究:以广西财经学院为例[J].广西教育学院学报,2019(4):91-95.

[11] 陈思佳,丁秋实,郝文昊,周馨悦.本科翻译专业学生能力培养探索———以五年制双外语翻译人才培养为例[J].校园英语.2020,(29):15-16.

[12] 祝朝伟.CATTI证书嵌入式翻译专业人才培养模式改革研究———以四川外国语大学为例[J].中国翻译,2019(4):75-81.

[13] 平洪.翻译本科教学要求解读[J].中国翻译,2014(1):53-58.

[14] 任文.新时代语境下翻译人才培养模式再探究:问题与出路[J].当代外语研究,2018(6):92-98.

[15] 任萍. 新文科语境下复合型外语人才培养研究[J]. 浙江工业大学学报(社会科学版).2022,21(01):87–92.

[16] 王寰. 我国复合型外语人才培养改革的政策演进研究[D]. 上海：上海外国语大学.2021.

[17] 王乐, 赵沛.21世纪以来外语人才培养国内研究现状及议题展望[J]. 外语教学.2021,42(03):58–63.

[18] 袁福, 高长玉, 杨静. 学科交叉融合视角下外语复合型人才培养模式及路径研究[J]. 现代职业教育,2023(02):89–92.

[19] 黄立群. 高职–本科衔接视角下皮革产业外语复合型人才培养研究[J]. 中国皮革,2022,51(03):30–34.DOI:10.13536.

[20] 宋洋."一带一路"视角下高职院校"跨界复合型"外语人才培养策略研究[J]. 南方职业教育学刊,2019,9(01):12–16.

[21] 周幼华. 多维视角下的高校复合型外语人才培养探讨[J]. 江苏高教,2011(03):111–112.DOI:10.13236.

[22] 罗选民, 梁燕华, 叶萍."双新"背景下复合型外语人才培养的内涵、特色与路径———以广西大学新文科研究与改革实践项目为例[J]. 外语界,2023(01):18–23.

[23] 王嘉伟, 王灵玲, 李宇红, 陈慧冰.2000—2020年我国复合型外语人才培养研究的可视化分析[J]. 山西青年,2022(05):132–134.

[24] 李灵丽, 黄甫全. 复合型外语人才培养的课程设计整体模式：课语整合式学习视角[J]. 外语界,2022(01):22–29.

[25] 毛和荣, 黄映鸥."一带一路"背景下中医药院校"复合型外语人才"培养模式改革研究[J]. 亚太传统医药,2021,17(09):219–223.

[26] 沈娟, 侯斌. 服务于区域经济发展的复合型外语人才培养模式研究[J]. 校园英语,2021(19):26–27.

[27] 张明亚."一带一路"倡议下复合型外语人才培养对策[J]. 才智,2019(15):134+136.

[28] 马瑞贤, 侯贺英, 汤倩. 对外传播视域下的复合型外语人才培养研究[J]. 传媒,2019(11):87–89.

[29] 赵海云."一带一路"背景下复合型外语人才培养策略研究[J]. 知识文库,2019(23):248–249.

[30] 张昀. 应用型本科复合型外语人才培养模式探究[J]. 产业与科技论坛,2019,18(24):146–147.